小企业主要经济业务账务处理大通关

（小企业会计准则版）

方文彬◎编著

中国宇航出版社
·北京·

图书在版编目（CIP）数据

小企业主要经济业务账务处理大通关：小企业会计准则版／方文彬编著. -- 北京：中国宇航出版社，2013.6

ISBN 978-7-5159-0428-3

Ⅰ. ①小… Ⅱ. ①方… Ⅲ. ①中小企业-账务处理 Ⅳ. ①F276.3-64

中国版本图书馆 CIP 数据核字（2013）第 109606 号

策划编辑 董 琳　　封面设计 文道思
责任编辑 阎 列 陈晓敏　　责任校对 许 磊

出版发行 中国宇航出版社

社 址 北京市阜成路 8 号　　邮 编 100830
（010）68768548
网 址 www.caphbook.com
经 销 新华书店
发行部 （010）68371900　　（010）88530478（传真）
（010）68768541　　（010）68767294（传真）
零售店 读者服务部　　北京宇航文苑
（010）68371105　　（010）62529336
承 印 三河市君旺印装厂
版 次 2013 年 6 月第 1 版　　2013 年 6 月第 1 次印刷
规 格 787×960　　开 本 1/16
印 张 14　　字 数 244 千字
书 号 ISBN 978-7-5159-0428-3
定 价 28.00 元

前 言
Preface

中国拥有4 200多万个小企业，相对于大型企业来说，虽然小企业资产规模占国家经济总量的比例有限，但是小企业在国民经济发展中起到的作用却是不可替代的。中国小企业具有比较高的灵动性，不仅市场活力十足，而且适应能力很强，但是，其规模普遍较小、投资效率较低，在获取资本、信息、技术等方面处于劣势，管理水平也较差。2011年10月18日，财政部发布了《小企业会计准则》，要求相关小企业自2013年1月1日起执行，2004年发布的《小企业会计制度》同时废止。

《小企业会计准则》对原本的会计科目进行了部分修改，比如删除了"短期投资跌价准备""坏账准备"等科目，增加了"预付账款""应收利息"等科目，这就要求我们能够很好地理解新的会计准则，并在主要经济业务处理方面作出一定的调整。本书基于《小企业会计准则》的内容及小企业的会计实务，分别讲解了一百多个常用业务的会计处理方法，并附有大量案例，希望为读者提供一个高效的学习平台。本书具有以下几个方面的特点。

构架清晰，思路明确 为了给读者提供一个快速掌握经济业务处理方法的读本，本书没有对制度相关背景资料作详细阐述，也没有进行更多的理论分析，而是以不同类型的实用业务名称为提纲，便于读者按需查询，简单明晰。不仅如此，本书在每项业务解读中设置了业务概述、业务处理和案例分析三大要点，便于读者在最短的时间内理解掌握该项业务的会计处理方法。

案例丰富，通俗易懂 本书在每一项业务讲解中，理论性的文字概述篇幅较少，重点采取案例形式，将《小企业会计准则》核心内容简洁、清晰地呈现在读者面前，以通俗易懂的语言剖析了小企业主要经济业务处理方法等，使深奥的小企业会计理论和方法简单化、通俗化。而且，每个案例都是由实际业务操作数据改编而来，贴近真实会计情景，具有非常好的实际应用效果。

针对性强，快速掌握 在整体框架体系内，本书选取的业务类型都是日常会计管理中遇到的典型情况，其中不乏难点和重点，便于读者直击盲点，迅速掌握。

本书关于经济业务账务处理的内容严格按照《小企业会计准则》要求进行编写，既可以作为新手入门指导，也可以为会计从业人员提供准则更新解析。

最后，对一贯支持我们的广大读者朋友和对本书的出版作出努力的朋友一并表示感谢。

作　者

2013 年 5 月

目　录
Contents

第一篇

款项和有价证券的收付

第一章 现金和银行存款的相关经济业务

从银行提取现金

▶ 业务概述

库存现金是指通常存放于企业财务部门、由出纳人员经管的货币资金。小企业应当设置“库存现金日记账”，由出纳人员根据收付款凭证，按照业务发生顺序逐笔登记。每日终了，应当计算当日的现金收入合计额、现金支出合计额和结余额，将结余额与实际库存额核对，做到账款相符。

小企业为维持正常经营往往需要留存一定的现金，这时就会涉及到提现及存现的业务处理。当小企业现金不足，或因向职工支付工资、各种工资性津贴，向个人支付劳务报酬等事项需要从银行提取一定的现金。主要会计科目为“库存现金”“银行存款”，小企业增加库存现金，借记“库存现金”科目，贷记“银行存款”科目。小企业有内部周转使用备用金的，可以单独设置“备用金”科目。

▶ 账务处理

从银行提取现金的账务处理如图 1－1 所示。

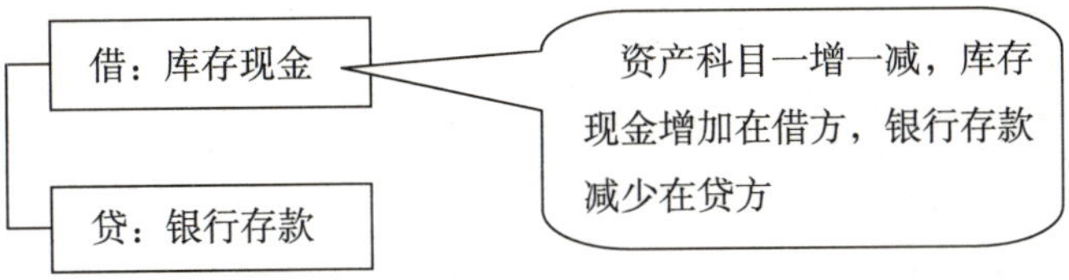

图 1－1　从银行提取现金的账务处理

▶ 案例解析

【例 1－1】2013 年 3 月 20 日，某小企业因日常经营的需要，从银行提取 100 000 元现金。该小企业账务处理如下。

借：库存现金　　　　100 000

　　贷：银行存款　　　　100 000

将现金存入银行

▶ 业务概述

小企业减少库存现金，借记“银行存款”科目，贷记“库存现金”科目。

▶ 账务处理

将现金存入银行的账务处理如图 1－2 所示。

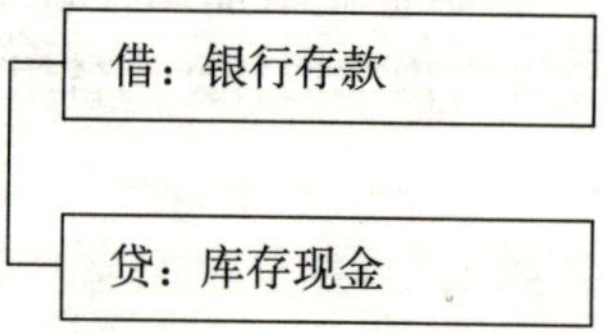

图 1－2　将现金存入银行的账务处理

▶ 案例解析

【例 1－2】2013 年 4 月 17 日，某小企业将现金 120 000 元存入银行。该小企业账务处理如下。

借：银行存款　　　　120 000

　　贷：库存现金　　　　120 000

每日终了结算现金收支

▶ 业务概述

小企业应在每日终了进行现金收支结算、财产清查，清查的结果应编制现金盘点报告单。发现的有待查明原因的现金短缺或溢余，应通过“待处理财产损溢”科目核算：属于现金短缺，应按照实际短缺的金额，借记“待处理财产损溢”科目，贷记“库存现金”科目；属于现金溢余，按照实际溢余的金额，借记“库存现金”科目，贷记“待处理财产损溢”科目。

▶ 账务处理

(1)每日终了发现有待查明原因的现金短缺或溢余。

①属于现金短缺的，账务处理如图1－3所示。

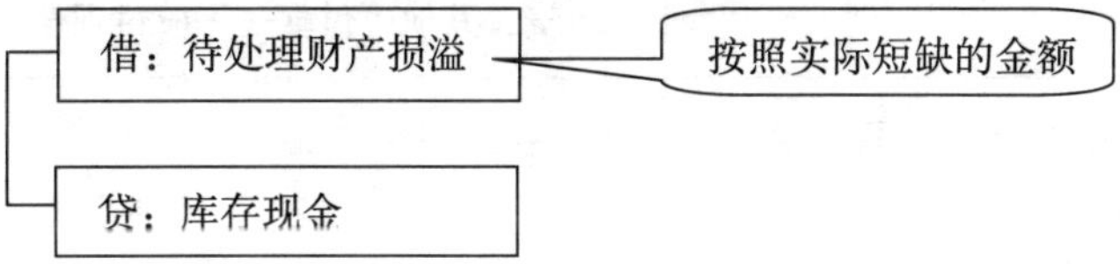

图1－3　现金短缺的账务处理

②属于现金溢余的，账务处理如图1－4所示。

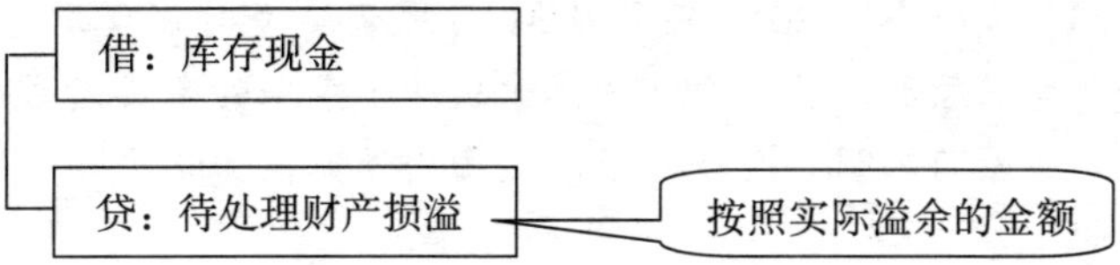

图1－4　现金溢余的账务处理

(2)待查明原因后按如下要求进行处理。

①现金短缺的账务处理如表1-1所示。

表1-1 现金短缺的账务处理

短缺原因	账务处理
属于应由责任人赔偿的部分	借：其他应收款——应收现金短缺款(或库存现金等科目) 贷：待处理财产损溢
属于应由保险公司赔偿的部分	借：其他应收款——应收保险赔款 贷：待处理财产损溢
属于无法查明的其他原因，根据管理权限，经批准后处理	借：管理费用——现金短缺 贷：待处理财产损溢

②现金溢余的账务处理如表1-2所示。

表1-2 现金溢余的账务处理

溢余原因	账务处理
属于应支付给有关人员或单位的部分	借：待处理财产损溢 贷：其他应付款——应付现金溢余
属于无法查明原因的现金溢余，经批准后处理	借：待处理财产损溢 贷：营业外收入——现金溢余

▶ 案例解析

【例1-3】某小企业2013年3月31日现金清查时发现现金短缺2 000元，4月5日查明原因，其中500元属于出纳小李保管不善造成的损失，另外1 500元短缺原因不明。企业处理决定由小李赔偿500元。小李于4月15日交纳现金赔款。

(1)该小企业2013年3月31日的账务处理为：

借：待处理财产损溢　　　　2 000

　　贷：库存现金　　　　　　2 000

(2)2013 年 4 月 5 日的账务处理为：

借：其他应收款——出纳小李　　500

　　管理费用　　1 500

　　贷：待处理财产损溢　　2 000

(3)2013 年 4 月 15 日的账务处理为：

借：库存现金　　500

　　贷：其他应收款——出纳小李　　500

日常业务取得银行存款收入

▶ 业务概述

银行存款是企业存入银行和其他金融机构的货币资金，是企业货币资金的重要组成部分。小企业应当按照开户银行和其他金融机构、存款种类等设置“银行存款日记账”，由出纳人员根据收付款凭证，按照业务的发生顺序逐笔登记。每日终了，应结出余额。“银行存款日记账”应定期与“银行对账单”核对，至少每月核对一次。小企业银行存款账面余额与银行对账单余额之间如有差额，应编制“银行存款余额调节表”进行调节，使之相符。

小企业发生对外销售货物或提供劳务等日常业务时，将收到的货款存入银行。

▶ 账务处理

收到银行存款的账务处理如图 1－5 所示。

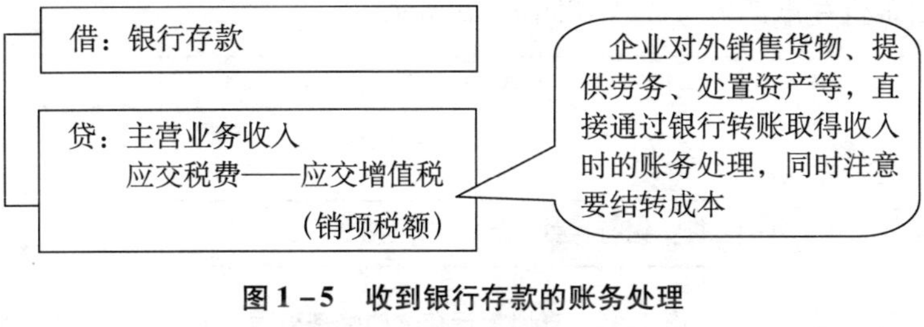

图 1－5　收到银行存款的账务处理

▶ 案例解析

【例1－4】某小企业为增值税一般纳税人，主要从事机器零件的生产与销售。2013年1月10日，对外出售机器零件价款合计为800元，该批零件成本为600元。该小企业于15日收到转账的银行存款936元(价款和增值税款)。

该小企业2013年1月15日的账务处理如下：

借：银行存款　　936

　　贷：主营业务收入　　800

　　　　应交税费——应交增值税(销项税额)　　136

借：主营业务成本　　600

　　贷：库存商品　　600

日常业务需支出银行存款

▶ 业务概述

小企业发生购入原材料或货物等日常业务时，需支出银行存款，借记“原材料”“库存商品”等科目，按照税法规定可抵扣的增值税进项税额，借记“应交税费——应交增值税(进项税额)”科目，贷记“银行存款”科目。

▶ 账务处理

支出银行存款的账务处理如图1－6所示。

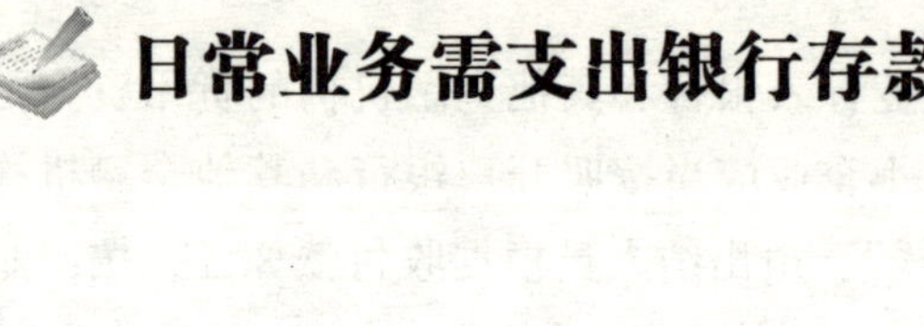

图1－6　支出银行存款的账务处理

▶ 案例解析

【例1－5】2013年2月10日，某小企业购入原材料100 000元，增值税为17 000元，用银行存款支付。该小企业账务处理如下。

借：原材料　100 000

　　应交税费——应交增值税(进项税额)　17 000

　　贷：银行存款　117 000

小企业发生银行存款利息

▶ 业务概述

小企业在确认利息和取得利息时要分别作会计分录。确认利息时，借记“应收利息”科目，贷记“财务费用”科目；取得时，借记“银行存款”科目，贷记“应收利息”科目。

▶ 账务处理

银行存款利息的账务处理如图1－7所示。

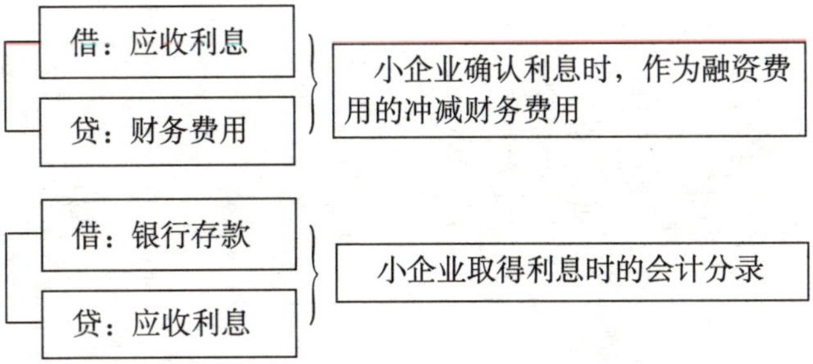

图1－7　银行存款利息的账务处理

▶ 案例解析

【例1-6】2013年3月31日，某小企业当年第一季度银行存款产生利息总额为1 000元，并于2013年4月8日收到这部分利息。该小企业会计处理如下。

(1)2013年3月31日，确认银行利息：

借：应收利息　　1 000

　　贷：财务费用　　1 000

(2)2013年4月8日，收到银行利息：

借：银行存款　　1 000

　　贷：应收利息　　1 000

第二章 有价证券的相关经济业务

小企业发生短期投资

▶ 业务概述

短期投资，是指小企业购入的能随时变现并且持有时间不准备超过1年(含1年)的投资。如小企业以赚取差价为目的从二级市场购入的股票、债券、基金等。根据《小企业会计准则》，与企业会计准则不同的是，小企业不设置“交易性金融资产”及“公允价值变动”等科目，而是设置“短期投资”“应收股利”“应收利息”“投资收益”等科目进行会计处理。

(1)小企业购入各种股票、债券、基金等作为短期投资的，应当按照实际支付的购买价款和相关税费，借记“短期投资”科目，贷记“银行存款”科目。

小企业购入股票，如果实际支付的购买价款中包含已宣告但尚未发放的现金股利，应当按照实际支付的购买价款和相关税费扣除已宣告但尚未发放的现金股利后的金额，借记“短期投资”科目，按照应收的现金股利，借记“应收股利”科目，按照实际支付的购买价款和相关税费，贷记“银行存款”科目。

小企业购入债券，如果实际支付的购买价款中包含已到付息期但尚未领取的债券利息，应当按照实际支付的购买价款和相关税费扣除已到付息期但尚未领取的债券利息后的金额，借记“短期投资”科目，按照应收的债券利息，借记“应收利息”科目，按照实际支付的购买价款和相关税费，贷记“银行存款”科目。

(2)在短期投资持有期间，被投资单位宣告分派的现金股利，借记“应收股利”科目，贷记“投资收益”科目。在债务人应付利息日，按照分期付息、一次还本债券投资的票面利率计算的利息收入，借记“应收利息”科目，贷记“投资收益”科目。

(3)出售短期投资，应当按照实际收到的出售价款，借记“银行存款”或“库存现金”科目，按照该项短期投资的账面余额，贷记“短期投资”科目，按照尚未收到的现金股利或债券利息，贷记“应收股利”或“应收利息”科目，按照其差额，贷记或借记“投资收益”科目。

▶ 账务处理

短期投资的账务处理如表2－1所示。

表2－1　短期投资的账务处理

短期投资	账务处理
取得时	借：短期投资(按实际支付的价款和相关税费) 应收利息(或应收股利) 贷：银行存款
持有期间利息或股息	借：应收利息(或应收股利) 贷：投资收益
处置时	借：银行存款(按实际收到的出售价款) 投资收益(盈利时贷记) 贷：短期投资

▶ 案例解析

【例2－1】某小企业于2012年1月4日从二级市场购入A企业债券，支付价款合计为2 070 000元，其中，已到付息期但尚未领取的利息40 000元，交易费用30 000元。该债券面值是2 000 000元，剩余期限为3年，票面年利率4%，每半年末付息一次，该小企业将其划分为短期投资。其他资料如下：

(1)2012年1月5日，收到A企业债券2011年下半年利息40 000元。

(2)2012年6月30日，A企业债券的公允价值为2 500 000元(不含利息)。

(3)2012年7月15日，收到A企业债券2012年上半年的利息40 000元。

(4)2012年12月31日，A企业债券的公允价值是2 200 000元(不含利息)。

(5)2013 年 1 月 10 日，收到 A 企业债券 2012 年下半年的利息 40 000 元。

(6)2013 年 3 月 18 日，通过二级市场出售 A 企业的债券，取得价款 2 260 000 元。

会计处理如下。

(1)2012 年 1 月 4 日，从二级市场购入 A 企业债券：

借：短期投资——A 企业债券　2 030 000

　　应收利息——A 企业　40 000

　　贷：银行存款　2 070 000

(2)2012 年 1 月 5 日，收到该债券 2011 年下半年利息 40 000 元：

借：银行存款　40 000

　　贷：应收利息——A 企业　40 000

(3)2012 年 6 月 30 日：

借：应收利息——A 企业　40 000

　　贷：投资收益——A 企业债券　40 000

(4)2012 年 7 月 15 日，收到 A 企业债券 2013 年上半年的利息：

借：银行存款　40 000

　　贷：应收利息——A 企业　40 000

(5)2012 年 12 月 31 日：

借：应收利息——A 企业　40 000

　　贷：投资收益——A 企业债券　40 000

(6)2013 年 1 月 10 日，收到 A 企业债券 2012 年下半年的利息：

借：银行存款　40 000

　　贷：应收利息——A 企业　40 000

(7)2013 年 3 月 18 日，通过二级市场出售 A 企业的债券：

借：银行存款　2 260 000

　　贷：短期投资——A 企业债券　2 030 000

　　　　投资收益　230 000

小企业发生长期股权投资

▶ 业务概述

长期股权投资，是指小企业准备长期持有(通常指1年以上)的权益性投资。小企业的长期股权投资通常设置“长期股权投资”“应收股利”和“投资收益”等科目。根据《小企业会计准则》，初始确认时运用历史成本，后续计量采用与《企业会计准则》成本法类似的处理思路，相比《企业会计准则》而言核算更简单。

(1)小企业以支付现金取得的长期股权投资，如果实际支付的购买价款中包含已宣告但尚未发放的现金股利，应当按照实际支付的购买价款和相关税费扣除已宣告但尚未发放的现金股利后的金额，借记“长期股权投资”科目，按照应收的现金股利，借记“应收股利”科目，按照实际支付的购买价款和相关税费，贷记“银行存款”科目。

通过非货币性资产交换取得的长期股权投资，应当按照非货币性资产的评估价值与相关税费之和，借记“长期股权投资”科目，按照换出非货币性资产的账面价值，贷记“固定资产清理”“无形资产”等科目，按照支付的相关税费，贷记“应交税费”等科目，按照其差额，贷记“营业外收入”或借记“营业外支出”等科目。

(2)在长期股权投资持有期间，被投资单位宣告分派的现金股利或利润，应当按照应分得的金额，借记“应收股利”科目，贷记“投资收益”科目。

(3)处置长期股权投资，应当按照处置价款，借记“银行存款”等科目，按照其成本，贷记“长期股权投资”科目，按照应收未收的现金股利或利润，贷记“应收股利”科目，按照其差额，贷记或借记“投资收益”科目。

(4)根据《小企业会计准则》规定确认实际发生的长期股权投资损失，应当按照可收回的金额，借记“银行存款”等科目，按照其账面余额，贷记“长期股权投资”科目，按照其差额，借记“营业外支出”科目。

▶ 账务处理

长期股权投资的账务处理如表 2-2 所示。

表 2-2　长期股权投资的账务处理

<table>
<tr><th>长期股权投资</th><th colspan="2">账务处理</th></tr>
<tr><td rowspan="2">取得时</td><td>货币资产</td><td>借：长期股权投资
　　应收股利
　　贷：银行存款</td></tr>
<tr><td>非货币资产</td><td>借：长期股权投资
　　贷：固定资产清理（按照资产账面价值）
　　　（或无形资产）</td></tr>
<tr><td>持有期间现金股利或利润</td><td colspan="2">借：应收股利
　　贷：投资收益</td></tr>
<tr><td>资产负债表日</td><td colspan="2">发生投资损失时：
借：投资收益
　　贷：长期股权投资</td></tr>
<tr><td>处置时</td><td colspan="2">借：银行存款（按照处置价款）
　　投资收益（按照差额，盈利时贷记）
　　贷：长期股权投资（按照其账面余额）
　　　　应收股利（按照应收未收回的现金股利或利润）</td></tr>
<tr><td>确认实际发生的损失</td><td colspan="2">借：银行存款（按照可收回的金额）
　　营业外支出（按照其差额）
　　贷：长期股权投资（按照其账面余额）</td></tr>
</table>

▶ 案例解析

【例 2-2】某小企业 2012 年 1 月 4 日购入 A 企业股票 100 000 股作为长期股权投资，每股买入价 10 元，每股价格中包含有 0.2 元的已宣告但尚未分派的现金股利，另支付相关税费 7 000 元。该小企业于 2012 年 9 月 15 日收到被投资方宣告发放现金股利的通知，应取得现金股利 5 000 元。该小企业于2012年11月7日将A企业100 000股股票以每股12元卖出，支付相关税费2 000元，实际取得价款1 198 000元，款项已由银行收妥。处置时长期股权投资账面余额为1 100 000元。会计处理如下。

(1)2012年1月4日购入长期股权时：

借：长期股权投资　　987 000

　　应收股利　　20 000

　　贷：银行存款　　1 007 000

(2)2012年9月15日应取得现金股利时：

借：应收股利　　5 000

　　贷：投资收益　　5 000

(3)2012年11月7日出售长期股权时：

借：银行存款　　1 198 000

　　贷：长期股权投资　　1 100 000

　　　　投资收益　　98 000

【例2-3】某小企业于2013年2月20日，以银行存款1 000万元及一栋办公楼取得A企业80%的股权，并于当日起能够对A企业实施控制。该办公楼的原价为3 000万元，已计提折旧800万元，公允价值为3 000万元；A企业净资产的账面价值为6 000万元，公允价值为6 250万元。该小企业的会计处理如下。

(1)对固定资产进行处理时：

借：固定资产清理　　22 000 000

　　累计折旧　　8 000 000

　　贷：固定资产　　30 000 000

(2)购入长期股权的账务处理：

借：长期股权投资　　32 000 000

　　贷：银行存款　　10 000 000

　　　　固定资产清理　　22 000 000

小企业发生长期债券投资

▶ 业务概述

长期债券投资，是指小企业购入的准备长期(通常1年以上)持有的，或在1年内(不含1年)不能变现或不准备随时变现的债券投资。小企业应按照债券种类和被投资单位，分别对“面值”“溢折价”“应计利息”等进行明细核算。

与《企业会计准则》不同的是，根据《小企业会计准则》，长期债券取得时，应通过“长期债券投资”科目核算，而不是“持有至到期投资”科目核算；在持有期间，确认的利息收入根据面值和票面利率计算确定，而且不需要考虑减值问题；在处置时，由于不存在减值问题，因而也不需要计提减值准备。

(1)小企业购入债券作为长期投资，应当按照债券票面价值，借记“长期债券投资”(面值)，按照实际支付的购买价款和相关税费，贷记“银行存款”科目，按照其差额，借记或贷记“长期债券投资”(溢折价)。

如果实际支付的购买价款中包含已到付息期但尚未领取的债券利息，应当按照债券票面价值，借记“长期债券投资”(面值)，按照应收的债券利息，借记“应收利息”科目，按照实际支付的购买价款和相关税费，贷记“银行存款”科目，按照其差额，借记或贷记“长期债券投资”(溢折价)。

(2)在长期债券投资持有期间，在债务人应付利息日，按照分期付息、一次还本的长期债券投资票面利率计算的利息收入，借记“应收利息”科目，贷记“投资收益”科目；按照一次还本付息的长期债券投资票面利率计算的利息收入，借记“长期债券投资”(应计利息)，贷记“投资收益”科目。

在债务人应付利息日，按照应分摊的债券溢折价金额，借记或贷记“投资收益”科目，贷记或借记“长期债券投资”(溢折价)。

(3)长期债券投资到期，收回长期债券投资，应当按照收回的债券本金或本息，借记“银行存款”等科目，按照其账面余额，贷记“长期债券投资”(成本、溢折价、应计利息)，按照应收未收的利息收入，贷记“应收利息”科目。

处置长期债券投资，应当按照处置收入，借记“银行存款”等科目，按照其账面余额，贷记“长期债券投资”(成本、溢折价)，按照应收未收的利息收入，贷记“应收利息”科目，按照其差额，贷记或借记“投资收益”科目。

(4)按照《小企业会计准则》规定确认实际发生的长期债券投资损失，应当按照可收回的金额，借记“银行存款”等科目，按照其账面余额，贷记“长期债券投资”(成本、溢折价)，按照其差额，借记“营业外支出”科目。

▶ 账务处理

长期债券投资的账务处理如表 2 - 3 所示。

表 2 - 3　长期债券投资的账务处理

长期债券投资	账务处理	
取得时	借：长期债券投资——面值 　　长期债券投资——溢折价(或贷记) 　　应收利息 　　贷：银行存款(按照实际购买价款和相关税费)	
持有期间利息	按照分期付息、一次还本的票面利率计算的利息收入	借：应收利息 　　贷：投资收益
	按照一次还本付息的票面利率计算的利息收入	借：长期债券投资——应计利息 　　贷：投资收益
	处置取得时应分摊的债券溢折价金额	借：投资收益(或贷记) 　　贷：长期债券投资——溢折价(或借记)
处置或到期收回时	借：银行存款 　　投资收益(或贷记) 　　贷：长期债券投资——成本 　　　　长期债券投资——溢折价 　　　　应收利息	
确认实际发生的长期债券投资损失	借：银行存款(按照可收回的金额) 　　营业外支出(按照其差额) 　　贷：长期债券投资——成本 　　　　长期债券投资——溢折价	

▶ 案例解析

【例2－4】2011年1月4日，某小企业支付价款1 000 000元购入A企业同日发行的3年期企业债券12 500份，面值1 250 000元，票面利率4.72%，实际支付的购买价款中包含已到付息期但尚未领取的债券利息59 000元，每年年末支付利息，本金最后一次偿还。实际利率为10%。2011年12月31日，收到A企业支付的利息59 000元。2012年12月31日，企业收回长期债券投资，实际收到利息59 000元，本金1 000 000元。该小企业的会计处理如下。

(1)2011年1月4日，购入长期债券：

借：长期债券投资——面值	1 250 000	
应收利息	59 000	
贷：银行存款		1 000 000
长期债券投资——溢折价		309 000

(2)2011年12月31日，收到债券利息：

借：应收利息	59 000	
贷：投资收益		59 000
借：银行存款	59 000	
贷：应收利息		59 000

(3)2011年12月31日，处置应分摊的债券溢折价金额：

借：长期债券投资——溢折价	309 000	
贷：投资收益		309 000

(4)2012年12月31日，收回长期债券投资：

借：银行存款	1 059 000	
贷：长期债券投资——成本		1 000 000
应收利息		59 000
借：应收利息	59 000	
贷：投资收益		59 000

第二篇

财物的收发、增减和使用

第三章 材料采购相关经济业务

小企业外购材料支付价款和运杂费

▶ 业务概述

小企业采用计划成本进行材料日常核算、购入材料的采购成本时，应在“材料采购”科目进行核算。

小企业外购材料，支付价款和运杂费时，应当按照发票账单所列购买价款、运输费、装卸费、保险费以及在外购材料过程发生的其他直接费用，借记“材料采购”科目，按照税法规定可抵扣的增值税进项税额，借记“应交税费——应交增值税（进项税额）”科目，按照实际支付或应支付的金额，贷记“库存现金”“银行存款”“其他货币资金”“预付账款”“应付账款”等科目。

材料已经收到、但尚未办理结算手续的，可暂不作会计分录；待办理结算手续后，再根据所付金额或发票账单的应付金额，借记“材料采购”科目，贷记“银行存款”等科目。

▶ 账务处理

采购材料的账务处理如图 3－1 所示。

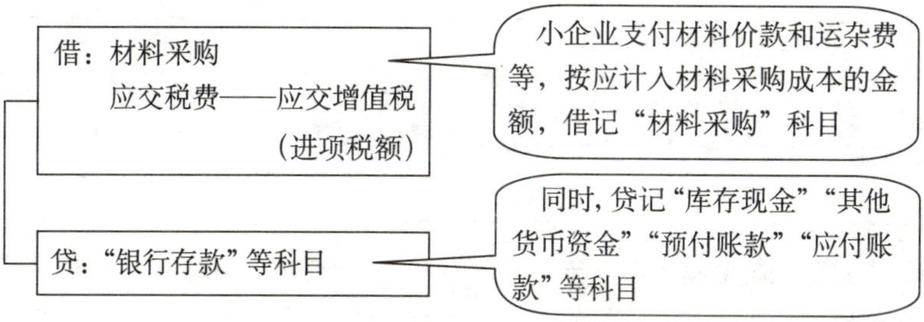

图 3－1　采购材料的账务处理

▶ 案例解析

【例 3－1】某小企业采用汇兑结算方式购入一批化工材料，专用发票上记载的货款为 200 000 元，增值税额 34 000 元，发票账单已收到，计划成本 180 000 元，材料尚未入库。该小企业会计处理如下。

借：材料采购	200 000
应交税费——应交增值税(进项税额)	34 000
贷：银行存款	234 000

发生应冲减材料采购成本的情况

▶ 业务概述

发生应向供应单位、运输机构等收回的材料短缺或其他应冲减材料采购成本的赔偿款项，应根据有关的索赔凭证，借记"应付账款"或"其他应收款"科目，贷记"材料采购"科目。因自然灾害等发生的损失和尚待查明原因的途中损耗，先记入"待处理财产损溢"科目，查明原因后再作处理。

▶ 账务处理

发生应冲减材料采购成本情况的账务处理如表 3－1 所示。

表 3－1　发生应冲减材料采购成本情况的账务处理

材料采购	账务处理
应向供应单位、运输机构等收回的材料短缺或其他应冲减材料采购成本的赔偿款项	借：应付账款(或其他应收款) 　　贷：材料采购
因自然灾害等发生的损失和尚待查明原因的途中损耗	借：待处理财产损溢 　　贷：材料采购

▶ 案例解析

【例3-2】承接**【例3-1】**，该小企业收到材料后，经验收发现有待查明原因的途中损耗3 000元。该小企业会计处理如下。

借：待处理财产损溢　　3 000

　　贷：材料采购　　3 000

月末的会计处理

▶ 业务概述

月末，小企业应将仓库转来的外购收料凭证，分别按下列不同情况进行账务处理。

(1)对于收到发票账单的收料凭证(包括木月付款或开出、承兑商业汇票的上月收料凭证)，应按照实际成本和计划成本分别汇总，并按照计划成本，借记“原材料”“周转材料”等科目，贷记“材料采购”科目；将实际成本大于计划成本的差异，借记“材料成本差异”科目，贷记“材料采购”科目；实际成本小于计划成本的差异作相反的会计分录。

(2)对于尚未收到发票账单的收料凭证，应按照计划成本暂估入账，借记“原材料”“周转材料”等科目，贷记“应付账款——暂估应付账款”科目，下月初用红字作同样的会计分录予以冲回，以便下月收到发票账单等结算凭证时，按照正常程序进行账务处理。

▶ 账务处理

(1)对于收到发票账单的收料凭证的账务处理如图3-2所示。

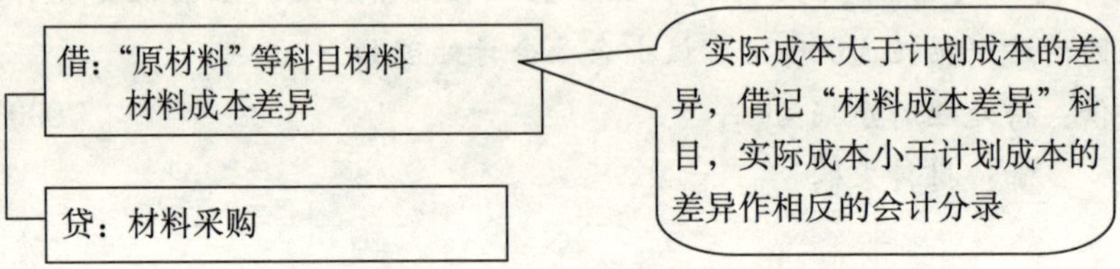

图3-2　收到发票账单的收料凭证的账务处理

(2)对于尚未收到发票账单的收料凭证的账务处理如图3-3所示。

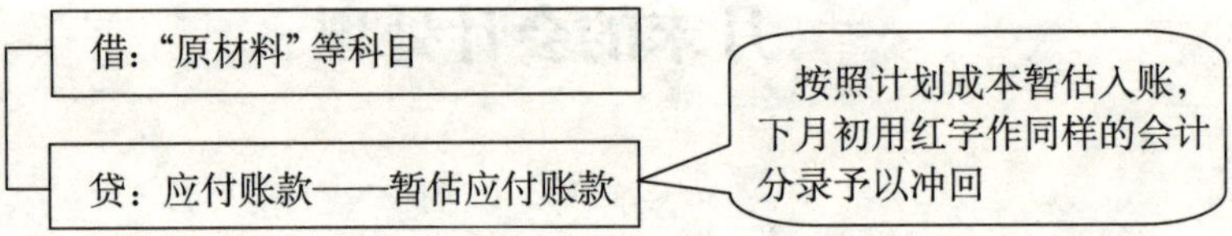

图3-3　尚未收到发票账单的收料凭证的账务处理

▶ 案例解析

【例3-3】承接**【例3-1】**,月末材料入库。该小企业会计处理为:

上述入库材料的实际成本为200 000元,计划成本为180 000元,入库材料的成本差异为超支20 000元。

借:原材料　　180 000

　　材料成本差异　　20 000

　　贷:材料采购　　200 000

第四章 在途物资相关经济业务

小企业购入材料、商品

▶ 业务概述

“在途物资”科目核算小企业采用实际成本进行材料、商品等物资的日常核算、尚未到达或尚未验收入库的各种物资的实际采购成本。小企业(批发业、零售业)在购买商品过程中发生的费用(运输费、装卸费、包装费、保险费、运输途中的合理损耗和入库前的挑选整理费等)，在“销售费用”科目核算，不在“在途物资”科目核算。

小企业外购材料、商品等物资，应当按照发票账单所列购买价款、运输费、装卸费、保险费以及在外购材料过程发生的其他直接费用，借记“在途物资”，按照税法规定可抵扣的增值税进项税额，借记“应交税费——应交增值税(进项税额)”科目，贷记“库存现金”“银行存款”“其他货币资金”“预付账款”“应付账款”等科目。

▶ 账务处理

采购材料尚未入库的账务处理如图 4 – 1 所示。

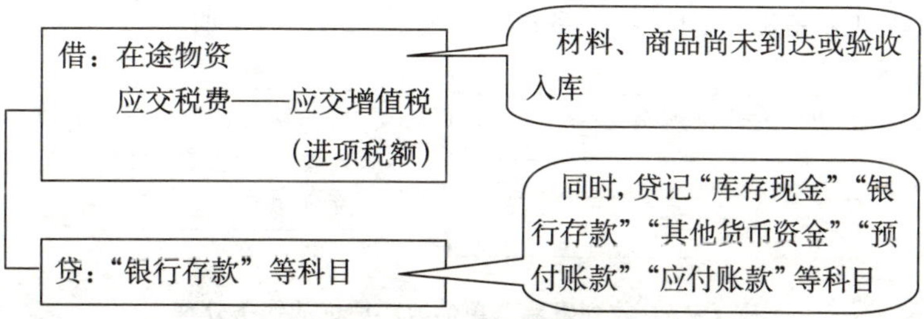

图 4 – 1 采购材料尚未入库的账务处理

▶ 案例解析

【例 4－1】某小企业采用汇兑结算方式购入一批材料，发票及账单已收到，增值税专用发票上记载的货款为 120 000 元，增值税额 20 400 元。支付运杂费 1 000 元，材料尚未到达。该小企业会计处理如下。

借：在途物资　121 000

　　应交税费——应交增值税(进项税额)　20 400

　　贷：银行存款　141 400

所购材料、商品到达并验收入库

▶ 业务概述

所购材料、商品到达并验收入库，应借记“原材料”“库存商品”等科目，贷记“在途物资”。对于月末还尚未收到发票账单的收料凭证，应分别就材料或商品，按照估计金额暂估入账，借记“原材料”“周转材料”“库存商品”等科目，贷记“应付账款——暂估应付账款”科目，下月初用红字作同样的会计分录予以冲回，以便下月收到发票账单等结算凭证时，按照正常程序进行账务处理。

▶ 账务处理

(1)收到发票账单的收料凭证的账务处理如图 4－2 所示。

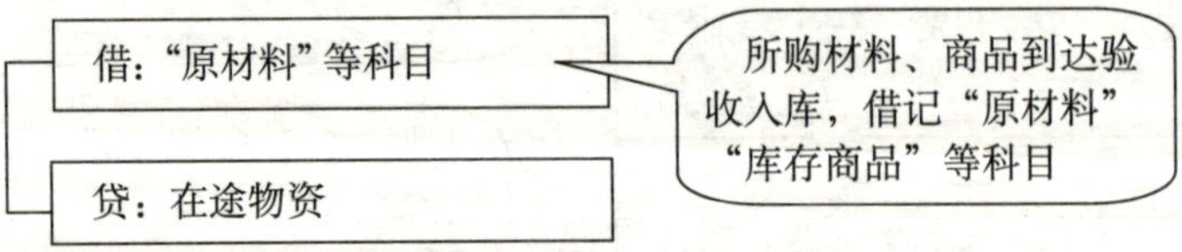

图 4－2　收到发票账单的收料凭证的账务处理

(2)尚未收到发票账单的收料凭证的账务处理如图 4－3 所示。

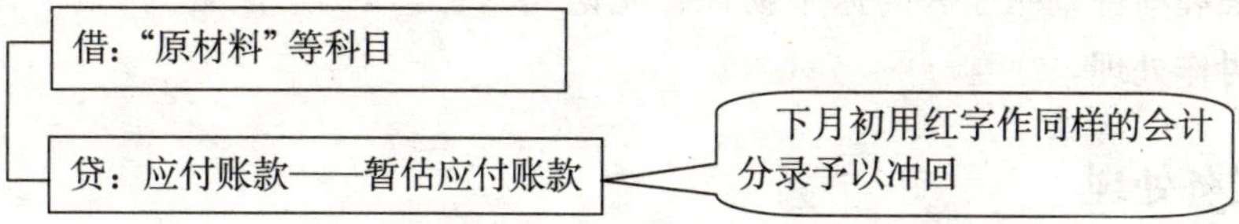

图 4－3　尚未收到发票账单的收料凭证的账务处理

▶ 案例解析

【例 4－2】承接**【例 4－1】**，该小企业所购的材料已验收入库，且收到发票账单的收料凭证。该小企业的会计处理如下。

借：原材料　121 000

　　贷：在途物资　121 000

【例 4－3】某小企业购入一批材料，材料已验收入库，发票账单尚未收到，月末按照计划成本 300 000 元估价入账。该小企业的会计处理如下：

借：原材料　300 000

　　贷：应付账款——暂估应付账款　300 000

下月初用红字编制相同的会计分录予以冲回。

借：原材料　300 000

　　贷：应付账款——暂估应付账款　300 000

发生应冲减材料或商品采购成本的情况

▶ 业务概述

小企业发生应向供应单位、外部运输机构等收回的材料或商品短缺或其他应冲减材料或商品采购成本的赔偿款项时，应根据有关的索赔凭证，借记

“应付账款”或“其他应收款”科目，贷记“在途物资”科目。因自然灾害等发生的损失和尚待查明原因的途中损耗，先记入“待处理财产损溢”科目，查明原因后再作处理。

▶ 账务处理

发生应冲减材料或商品采购成本情况的账务处理如表4－1所示。

表4－1　发生应冲减材料或商品采购成本情况的账务处理

在途物资	账务处理
应向供应单位、外部运输机构等收回的材料或商品短缺或其他应冲减材料或商品采购成本的赔偿款项	借：应付账款（或其他应收款） 　贷：在途物资
因自然灾害等发生的损失和尚待查明原因的途中损耗	借：待处理财产损溢 　贷：在途物资

▶ 案例解析

【例4－4】承接【例4－1】，因自然灾害的原因导致该批材料在途中损耗了2 000元。该小企业的会计处理如下。

借：待处理财产损溢　　2 000

　贷：在途物资　　2 000

第五章 原材料相关经济业务

小企业购入或自制取得原材料

▶ 业务概述

原材料是指小企业库存的各种材料，包括原料及主要材料、辅助材料、外购半成品(外购件)、修理用备件(备品备件)、包装材料、燃料等。购入的工程用材料，在“工程物资”科目核算，不在“原材料”科目核算。

(1)小企业购入并已验收入库的材料，按照实际成本，借记“原材料”科目，贷记“在途物资”“应付账款”等科目。涉及按照税法规定可抵扣的增值税进项税额的，还应当借记“应交税费——应交增值税(进项税额)”科目。

购入的材料已经到达并已验收入库，但在月末尚未办理结算手续的，可按照暂估价值入账，借记“原材料”“周转材料”等科目，贷记“应付账款——暂估应付账款”科目；下月初用红字作同样的会计分录予以冲回，以便下月收到发票账单等结算凭证时，按照正常程序进行账务处理。

(2)自制并已验收入库的材料，按照实际成本，借记“原材料”科目，贷记“生产成本”科目。

(3)取得投资者投入的原材料，应当按照评估价值，借记“原材料”科目，贷记“实收资本”“资本公积”科目。涉及增值税进项税额的，还应进行相应的账务处理。

▶ 账务处理

取得原材料的账务处理如表5－1所示。

表5－1 取得原材料的账务处理

<table>
<tr><th>原材料</th><th colspan="2">账务处理</th></tr>
<tr><td rowspan="2">购入并已验收入库</td><td colspan="2">借：原材料
应交税费——应交增值税(进项税额)
贷：应付账款(或银行存款、在途物资)</td></tr>
<tr><td>在月末尚未办理结算手续的</td><td>借：原材料(下月初用红字作同样的分录予以冲回)
贷：应付账款——暂估应付账款</td></tr>
<tr><td>自制并已验收入库</td><td colspan="2">借：原材料
贷：生产成本</td></tr>
<tr><td>取得投资者投入的原材料</td><td colspan="2">借：原材料
贷：实收资本(或资本公积)</td></tr>
</table>

▶ 案例解析

【例5－1】2013年1月15日，某小企业从A企业购入生产用原材料2 000元，增值税额为340元，款项尚未支付，该批原材料已验收入库。该小企业会计处理如下。

借：原材料	2 000
应交税费——应交增值税(进项税额)	340
贷：应付账款	2 340

领用、出售或委托加工材料

业务概述

（1）小企业生产经营领用材料，按照实际成本，借记“生产成本”“制造费用”“销售费用”“管理费用”等科目，贷记“原材料”科目。

（2）出售材料结转成本，按照实际成本，借记“其他业务成本”科目，贷记“原材料”科目。发给外单位加工的材料，按照实际成本，借记“委托加工物资”科目，贷记“原材料”科目。

（3）外单位加工完成并已验收入库的材料，按照加工收回材料的实际成本，借记“原材料”科目，贷记“委托加工物资”科目。

账务处理

领用、出售或委托加工材料的账务处理如表5－2所示。

表5－2　领用、出售或委托加工材料的账务处理

<table>
<tr><th>原材料</th><th colspan="2">账务处理</th></tr>
<tr><td>生产经营领用材料</td><td colspan="2">借：生产成本（或“制造费用”“销售费用”“管理费用”等科目）
　贷：原材料（按照实际成本）</td></tr>
<tr><td>出售材料</td><td colspan="2">借：其他业务成本
　贷：原材料</td></tr>
<tr><td rowspan="2">委托加工材料</td><td>发给外单位加工时</td><td>借：委托加工物资
　贷：原材料</td></tr>
<tr><td>外单位加工完成收回的材料</td><td>借：原材料
　贷：委托加工物资</td></tr>
</table>

▶ 案例解析

【例 5－2】某小企业 1 月份生产车间领用 A 材料 200 000 元，车间管理部门领用 A 材料 10 000 元，企业行政管理部门领用 A 材料 5 000 元。该小企业的会计处理如下。

借：生产成本	200 000	
制造费用	10 000	
管理费用	5 000	
贷：原材料——A 材料		215 000

清查盘点原材料

▶ 业务概述

小企业应在每月末对原材料进行清查盘点，发现盘盈、盘亏、毁损的原材料，按照实际成本(或估计价值)，借记或贷记“原材料”科目，贷记或借记“待处理财产损溢——待处理流动资产损溢”科目。

▶ 账务处理

盘盈或盘亏原材料的账务处理如图 5－1 所示。

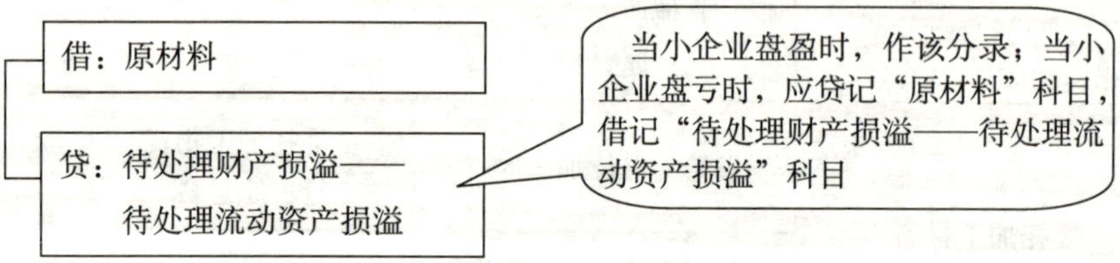

图 5－1　盘盈或盘亏原材料的账务处理

▶ 案例解析

【**例5－3**】2013年3月31日，某小企业对原材料进行清查盘点，发现有待查明原因的盘盈原材料2 000元。该小企业的会计处理如下。

借：原材料　　2 000

　　贷：待处理财产损溢——待处理流动资产损溢　　2 000

第六章 材料成本差异相关经济业务

材料验收入库

▶ 业务概述

小企业验收入库材料发生的材料成本差异，实际成本大于计划成本的差异，借记“材料成本差异”，贷记“材料采购”科目；实际成本小于计划成本的差异作相反的会计分录。

入库材料的计划成本应当尽可能接近实际成本。除特殊情况外，计划成本在年度内不得随意变更。

▶ 账务处理

材料成本差异的账务处理如图 6－1 所示。

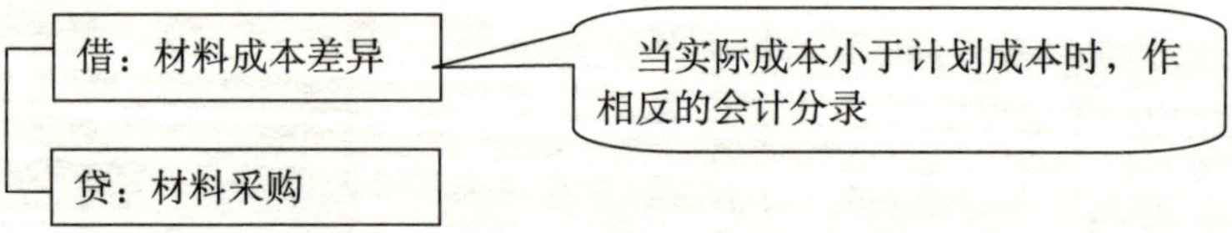

图 6－1　材料成本差异的账务处理

▶ 案例解析

案例解析见【**例 3－3**】。

结转发出材料

▶ 业务概述

小企业结转发出材料应负担的材料成本差异，按照实际成本大于计划成本的差异，借记"生产成本""管理费用""销售费用""委托加工物资""其他业务成本"等科目，贷记"材料成本差异"科目；实际成本小于计划成本的差异作相反的会计分录。

发出材料应负担的成本差异应当按月分摊，不得在季末或年末一次计算。发出材料应负担的成本差异，除委托外部加工发出材料可按照月初成本差异率计算外，应使用本月的实际成本差异率；月初成本差异率与本月实际成本差异率相差不大的，也可按照月初成本差异率计算。计算方法一经确定，不得随意变更。

材料成本差异率的计算公式如下：

本月材料成本差异率 =（月初结存材料的成本差异 + 本月验收入库材料的成本差异）÷（月初结存材料的计划成本 + 本月验收入库材料的计划成本）×100%

月初材料成本差异率 = 月初结存材料的成本差异 ÷ 月初结存材料的计划成本 ×100%

发出材料应负担的成本差异 = 发出材料的计划成本 × 材料成本差异率

▶ 账务处理

发出材料成本差异的账务处理如图 6－2 所示。

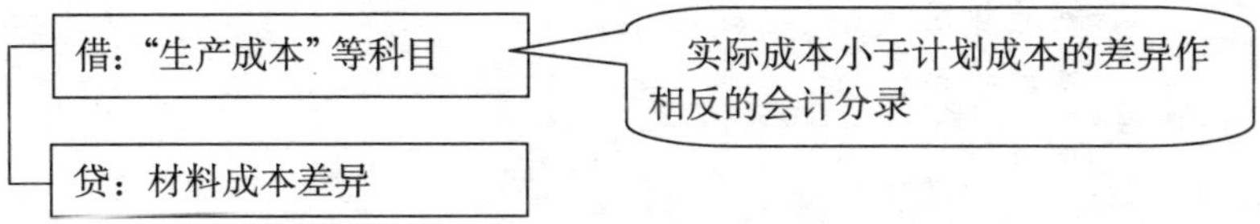

图 6－2　发出材料成本差异的账务处理

▶ 案例解析

【例6-1】某小企业2012年7月1日购入A材料一批，增值税专用发票上记载的货款为5 000 000元，增值税额850 000元，发票账单已收到，计划成本为4 500 000元，材料已验收入库，全部款项以银行存款支付。2012年7月31日，该小企业根据“发料凭证汇总表”的记录，7月A材料的消耗(计划成本)为：生产车间领用2 000 000元，车间管理部门领用850 000元，行政管理部门领用50 000元。该小企业7月初结存A材料的计划成本为1 000 000元，成本差异为超支60 000元；当月入库A材料的计划成本为4 500 000元，成本差异为节约500 000元。该小企业的会计处理如下。

(1)2012年7月1日购入A材料：

借：材料采购	5 000 000	
应交税费——应交增值税(进项税额)	850 000	
贷：银行存款		5 850 000

(2)2012年7月31日领用A材料：

借：生产成本	2 000 000	
制造费用	850 000	
管理费用	50 000	
贷：原材料——A材料		2 900 000

(3)结转发出材料的成本差异：

材料成本差异率=(60 000-500 000)÷(1 000 000+4 500 000)×100%=-8%。

发出材料应负担的成本差异=-8%×2 900 000=-232 000(元)。

结转发出材料的成本差异的分录为：

借：材料成本差异	232 000	
贷：生产成本		160 000
制造费用		68 000
管理费用		4 000

第七章　库存商品相关经济业务

自产的产成品入库

▶ 业务概述

“库存商品”核算小企业库存的各种商品的实际成本或售价。包括：库存产成品、外购商品、存放在门市部准备出售的商品、发出展览的商品以及寄存在外的商品等。

小企业(农、林、牧、渔业)可将本科目改为“农产品”科目。小企业(批发业、零售业)在购买商品过程中发生的费用(运输费、装卸费、包装费、保险费、运输途中的合理损耗和入库前的挑选整理费等)，在“销售费用”科目核算，不在“库存商品”核算。

小企业生产的产成品的入库和出库，平时只记数量不记金额，月末计算入库产成品的实际成本。生产完成验收入库的产成品，按照其实际成本，借记“库存商品”科目，贷记“生产成本”等科目。

对外销售产成品，借记“主营业务成本”科目，贷记“库存商品”科目。

▶ 账务处理

(1) 自产产成品入库的账务处理如图 7－1 所示。

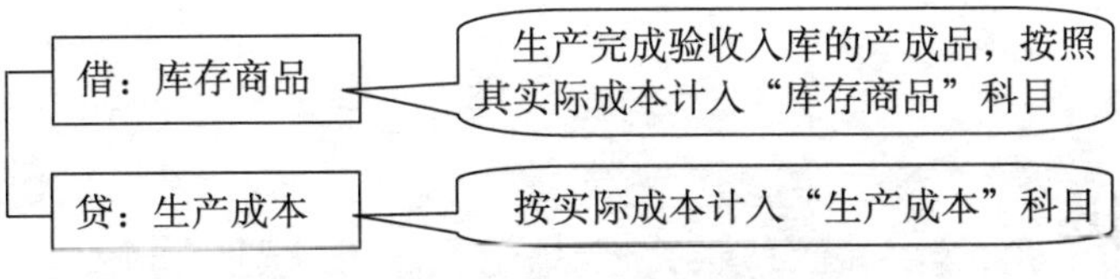

图 7－1　自产产成品入库的账务处理

(2)对外销售产成品结转成本的账务处理如图 7－2 所示。

图 7－2　对外销售产成品结转成本的账务处理

▶ 案例解析

【例 7－1】某小企业 2013 年 3 月 7 日已验收入库 A 产品 100 件，实际每件成本 3 000 元；B 产品 150 件，实际每件成本 4 000 元。当月实现销售的 A 产品 50 件，B 产品 120 件。月末结转成本。该小企业的会计处理如下。

(1)2013 年 3 月 7 日产成品验收入库：

借：库存商品——A 产品	300 000	
——B 产品	600 000	
贷：生产成本		900 000

(2)2013 年 3 月 31 日结转成本：

借：主营业务成本	630 000	
贷：库存商品——A 产品		150 000
——B 产品		480 000

购入商品并验收入库

▶ 业务概述

购入商品到达验收入库后，按照商品的实际成本或售价，借记“库存商品”科目，贷记“银行存款”“在途物资”等科目。涉及增值税进项税额的，还应进行相应的处理。按照售价与进价之间的差额，贷记“商品进销差价”科目。“商品进销差价”核算小企业采用售价进行日常核算的商品售价与进价之间的差额。

购入的商品已经到达并已验收入库，但尚未办理结算手续的，可按照暂估价值入账，借记“库存商品”科目，贷记“应付账款——暂估应付账款”科目；下月初用红字作同样的会计分录予以冲回，以便下月收到发票账单等结算凭证时，按照正常程序进行账务处理。

对外销售商品结转销售成本或售价，借记“主营业务成本”科目，贷记“库存商品”科目。月末，分摊已销商品的进销差价，借记“商品进销差价”科目，贷记“主营业务成本”科目。

▶ 账务处理

库存商品的账务处理如表7－1所示。

表7－1 库存商品的账务处理

库存商品	账务处理
购入商品并验收入库	借：库存商品（按照商品实际成本或售价） 贷：银行存款（按照商品进价） 商品进销差价（按照售价与进价之间的差额）
购入商品并验收入库，但未办理结算手续	借：库存商品 贷：应付账款——暂估应付账款
结转销售成本	借：主营业务成本 贷：库存商品
月末分摊已销商品的进销差价	借：商品进销差价 贷：主营业务成本

销售商品应分摊的商品进销差价，按照以下公式计算：

商品进销差价率＝（期初库存商品进销差价＋本期购入商品进销差价）÷（期初库存商品售价＋本期购入商品售价）×100%

本月销售商品应分摊的商品进销差价＝本期商品销售收入×商品进销差价率

小企业的商品进销差价率各月之间比较均衡的，也可以采用上月商品进销差价率计算分摊本月的商品进销差价。年度终了，应对商品进销差价进行复核调整。

▶ 案例解析

【例7－2】 某小企业2013年4月购入一批商品共10万件，每件成本50元，计划每件商品按70元的价格对外销售。该小企业采用售价进行日常核算的商品售价与进价之间的差额。本月月初库存商品的进价成本为450元，售价总额为620万元，本月销售收入为280万元。该小企业会计处理如下。

(1)购入商品时：

借：库存商品	7 000 000	
贷：银行存款		5 000 000
商品进销差价		2 000 000

(2)月末分摊商品进销差价：

商品进销差价率＝(2 000 000＋1 700 000)÷(7 000 000＋6 200 000)×100%＝28.03%；

已销商品应分摊的商品进销差价＝2 800 000×28.03%＝784 840(元)。

编制会计分录：

借：商品进销差价	784 840	
贷：主营业务成本		784 840

第八章 委托加工物资相关经济业务

发给外单位加工的物资

▶ 业务概述

“委托加工物资”核算小企业委托外单位加工的各种材料、商品等物资的实际成本。

小企业发给外单位加工的物资，按照实际成本，借记“委托加工物资”科目，贷记“原材料”“库存商品”等科目；按照计划成本或售价核算的，还应同时结转材料成本差异或商品进销差价，贷记“材料成本差异”或“商品进销差价”科目。

▶ 账务处理

(1)按照实际成本核算的账务处理如图 8－1 所示。

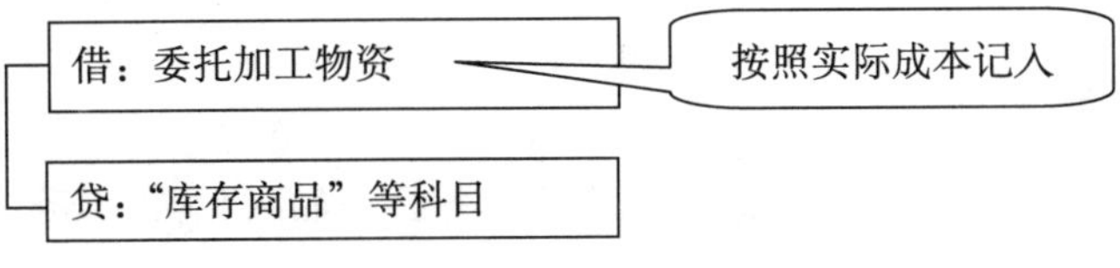

图 8－1　按照实际成本核算的账务处理

(2)按照计划成本或售价核算的账务处理如图 8－2 所示。

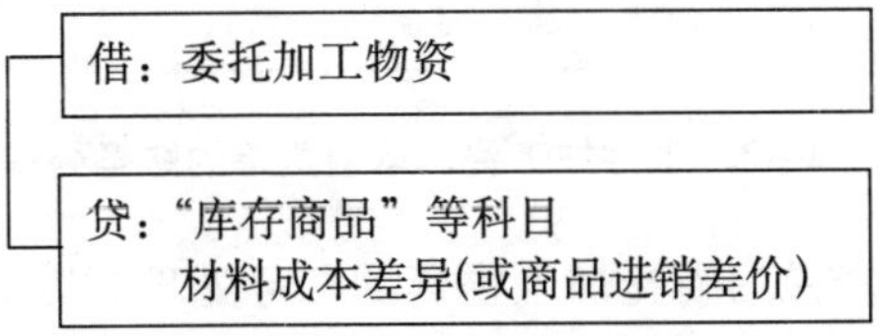

图 8－2　按照计划成本或售价核算的账务处理

▶ 案例解析

【例8－1】某小企业委托A公司加工一批商品，发出的材料计划成本为60 000元，材料成本差异率为3%。该小企业的会计处理如下：

借：委托加工物资	61 800	
贷：库存商品		60 000
材料成本差异		1 800

支付加工费、运杂费等

▶ 业务概述

小企业支付加工费、运杂费等，应借记“委托加工物资”科目，贷记“银行存款”等科目；需要交纳消费税的委托加工物资，由受托方代收代缴的消费税，借记“委托加工物资”(收回后用于直接销售的)或“应交税费——应交消费税”科目(收回后用于继续加工的)，贷记“应付账款”“银行存款”等科目。

▶ 账务处理

(1)小企业支付加工费、运杂费等的账务处理如图8－3所示。

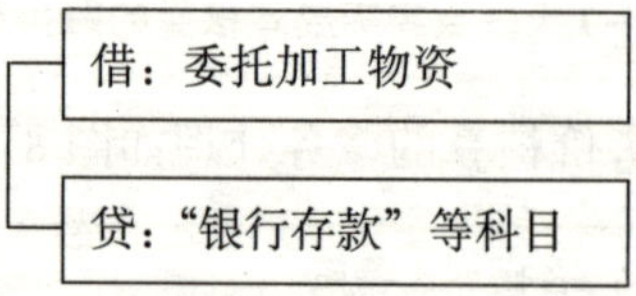

图8－3　支付加工费、运杂费等的账务处理

(2)需要交纳消费税的委托加工物资的账务处理如图8－4所示。

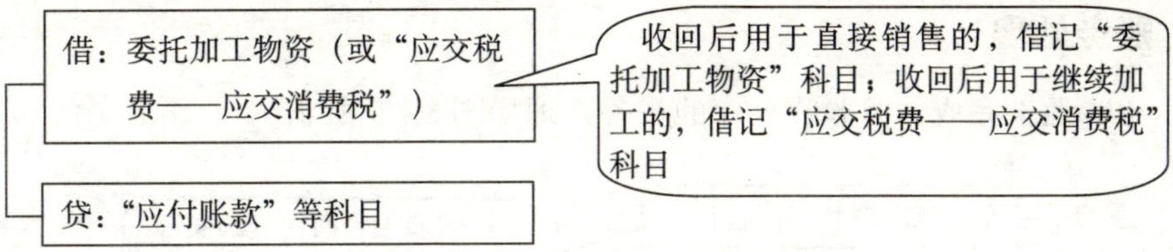

图 8－4　交纳消费税的账务处理

案例解析

【例 8－2】承接【例 8－1】，该小企业通过银行支付运杂费 2 000 元。该小企业的会计处理如下：

借：委托加工物资　　2 000

　　贷：银行存款　　2 000

加工完成并验收入库

业务概述

小企业加工完成并验收入库的物资和剩余的物资，按照加工收回物资的实际成本和剩余物资的实际成本，借记“原材料”“库存商品”等科目，贷记“委托加工物资”科目。

采用计划成本或售价核算的，按照计划成本或售价，借记“原材料”或“库存商品”科目，按照实际成本，贷记“委托加工物资”，按照实际成本与计划成本或售价之间的差额，借记或贷记“材料成本差异”或贷记“商品进销差价”科目。

采用计划成本或售价核算的，也可以采用上月材料成本差异率或商品进销差价率计算分摊本月应分摊的材料成本差异或商品进销差价。

▶ 账务处理

(1)加工完成，并验收入库的账务处理如图 8－5 所示。

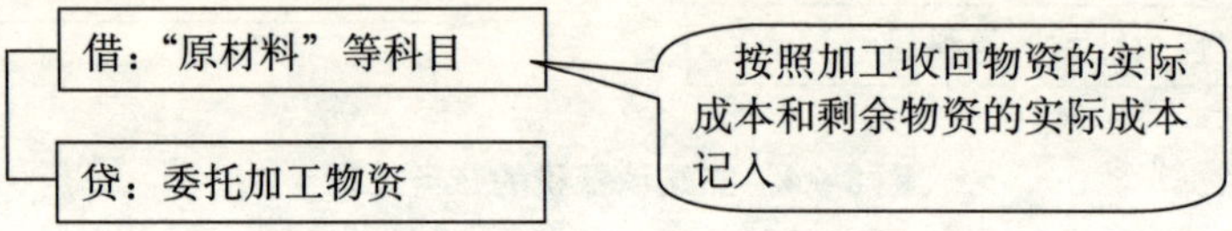

图 8－5　加工完成并验收入库的账务处理

(2)采用计划成本或售价核算的委托加工物资收回的账务处理如图 8－6 所示。

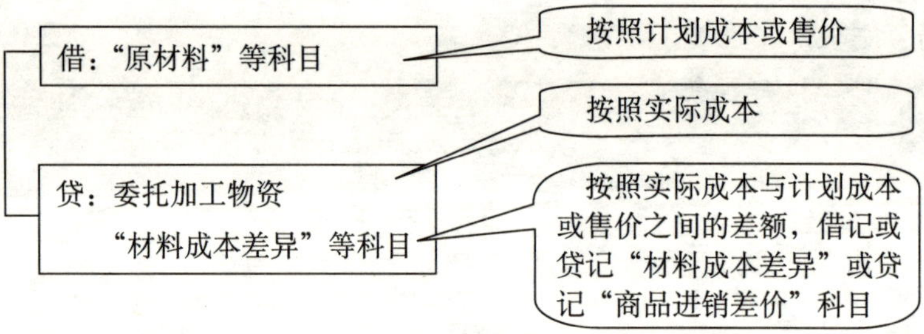

图 8－6　采用计划成本或售价核算的账务处理

▶ 案例解析

【例 8－3】某小企业委托 A 企业加工一批商品(属于应税消费品)100 000 件，每件计划成本 50 元。2013 年 4 月 5 日，发出材料一批，计划成本 3 000 000 元，材料成本差异率为 －5%。4 月 12 日，支付商品加工费共 150 000 元，支付应当交纳的消费税 900 000 元，该商品收回后计划用于继续加工。4 月 15 日，用银行存款支付运杂费 2 000 元。4 月 20 日，上述商品 100 000 件加工完毕，公司已验收入库。该小企业的会计处理如下。

(1)2013 年 4 月 5 日，发出委托加工材料：

借：委托加工物资　　3 000 000

　　贷：原材料　　3 000 000

借：材料成本差异　　150 000

　　贷：委托加工物资　　150 000

(2)2013 年 4 月 12 日，支付加工费：

借：委托加工物资	150 000	
应交税费——应交消费税	900 000	
——应交增值税(进项税额)	25 500	
贷：银行存款		1 075 500

(3)2013 年 4 月 15 日，支付运杂费：

借：委托加工物资	2 000	
贷：银行存款		2 000

(4)2013 年 4 月 20 日，商品验收入库：

借：库存商品	5 000 000	
贷：委托加工物资		3 002 000
商品进销差价		1 998 000

第九章 周转材料相关经济业务

增加周转材料

▶ 业务概述

“周转材料”核算小企业库存的周转材料的实际成本或计划成本。包括：包装物、低值易耗品，以及小企业（建筑业）的钢模板、木模板、脚手架等。应按照周转材料的种类，分别在“在库”“在用”和“摊销”科目进行明细核算。

▶ 账务处理

小企业购入、自制、委托外单位加工完成并验收入库的周转材料，以及对周转材料的清查盘点，比照“原材料”科目的相关规定进行账务处理。

▶ 案例解析

参考“原材料”科目的相关例题。

领用周转材料

▶ 业务概述

小企业生产、施工领用周转材料，通常采用一次转销法，按照其成本，借记“生产成本”“管理费用”“工程施工”等科目，贷记“周转材料”科目。

随同产品出售但不单独计价的包装物，按照其成本，借记“销售费用”科目，贷记“周转材料”科目。

随同产品出售并单独计价的包装物，按照其成本，借记“其他业务成本”科目，贷记“周转材料”科目。

金额较大的周转材料，也可以采用分次摊销法，领用时应按照其成本，借记“周转材料”（在用），贷记“周转材料”（在库）；按照使用次数摊销时，应按照其摊销额，借记“生产成本”“管理费用”“工程施工”等科目，贷记“周转材料”（摊销）科目。

周转材料采用计划成本进行日常核算的，领用等发出周转材料，还应结转应分摊的成本差异。

▶ 账务处理

（1）采用一次转销法核算领用的周转材料的账务处理如图9－1所示。

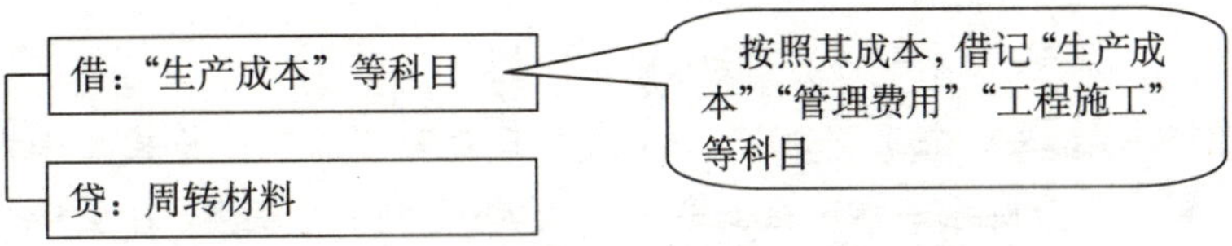

图9－1　采用一次转销法核算领用的周转材料的账务处理

（2）包装物的账务处理如表9－1所示。

表9－1　包装物的账务处理

包装物	账务处理
随同产品出售但不单独计价	借：销售费用（按照其成本） 　　贷：周转材料
随同产品出售并单独计价	借：其他业务成本（按照其成本） 　　贷：周转材料

（3）金额较大的周转材料，按照分次转销法的账务处理如表9－2所示。

表9－2　金额较大的周转材料的账务处理

金额较大的周转材料	账务处理
领用时	借：周转材料——在用（按照其成本） 　　贷：周转材料——在库
摊销时	借：“生产成本”等科目（按照摊销额） 　　贷：周转材料——摊销

▶ 案例解析

【例 9-1】某小企业向 A 企业出售一批成本为 120 000 元的商品，并随同商品出售 5 000 元的包装物，包装物单独计价。商品实际价款为 135 000 元，增值税额 22 950 元，贷款和税额尚未收到。该小企业的会计处理如下。

借：应收账款　　157 950

　　贷：主营业务收入　　135 000

　　　　应交税费——应交增值税(销项税额)　　22 950

借：主营业务成本　　120 000

　　贷：库存商品　　120 000

借：其他业务成本　　5 000

　　贷：周转材料——包装物　　5 000

【例 9-2】某小企业于 2013 年 1 月 5 日自制一批低值易耗品并验收入库，成本为 20 000 元。该小企业分别于 1 月 10 日和 1 月 22 日生产两批 A 产品，需领用该批低值易耗品，该批低值易耗品可供周转使用 2 次。该小企业的会计处理如下。

(1)2013 年 1 月 5 日自制低值易耗品，并验收入库：

借：周转材料——低值易耗品(在库)　　20 000

　　贷：生产成本——低值易耗品　　20 000

(2)2013 年 1 月 10 日领用低值易耗品：

借：周转材料——低值易耗品(在用)　　20 000

　　贷：周转材料——低值易耗品(在库)　　20 000

(3)2013 年 1 月 10 日摊销该低值易耗品价值的二分之一：

借：生产成本——A 产品　　10 000

　　贷：周转材料——低值易耗品(摊销)　　10 000

(4)2013 年 1 月 22 日摊销该低值易耗品价值的二分之一：

借：生产成本——A 产品　　10 000

　　贷：周转材料——低值易耗品(摊销)　　10 000

借：周转材料——低值易耗品(摊销)　　10 000

　　贷：周转材料——低值易耗品(在用)　　10 000

第十章 消耗性生物资产相关经济业务

取得消耗性生物资产

▶ 业务概述

“消耗性生物资产”核算小企业(农、林、牧、渔业)持有的消耗性生物资产的实际成本。小企业应按照消耗性生物资产的种类、群别等进行明细核算。小企业可以通过外购或自行生产获得消耗性生物资产。

外购的消耗性生物资产，按照应计入消耗性生物资产成本的金额，借记“消耗性生物资产”科目，贷记“银行存款”“应付账款”等科目。

自行栽培的大田作物和蔬菜，应按照收获前发生的必要支出，借记“消耗性生物资产”科目，贷记“银行存款”等科目。自行营造的林木类消耗性生物资产科目，应按照郁闭前发生的必要支出，借记“消耗性生物资产”科目，贷记“银行存款”等科目。自行繁殖的育肥畜、水产养殖的动植物，应按照出售前发生的必要支出，借记“消耗性生物资产”科目，贷记“银行存款”等科目。

▶ 账务处理

取得消耗性生物资产的账务处理如图 10－1 所示。

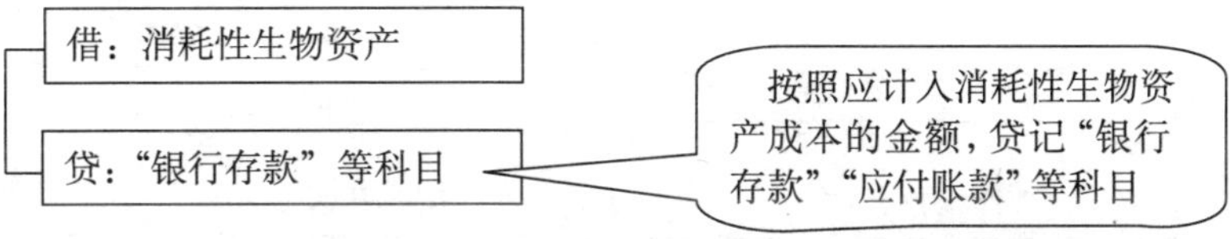

图 10－1　取得消耗性生物资产的账务处理

▶ 案例解析

【例10-1】某小企业从外地购入一批幼苗共200 000元，发生运杂费共5 000元，款项尚未支付。该小企业的会计处理如下。

借：消耗性生物资产——幼苗　　205 000

　　贷：应付账款　　205 000

消耗性生物资产转群

▶ 业务概述

产畜或役畜淘汰转为育肥畜的，应按照转群时的账面价值，借记“消耗性生物资产”科目，按照已计提的累计折旧，借记“生产性生物资产累计折旧”科目，按照其账面余额，贷记“生产性生物资产”科目。

育肥畜转为产畜或役畜的，应按照其账面余额，借记“生产性生物资产”科目，贷记“消耗性生物资产”科目。

▶ 账务处理

(1)产畜或役畜淘汰转为育肥畜的账务处理如图10-2所示。

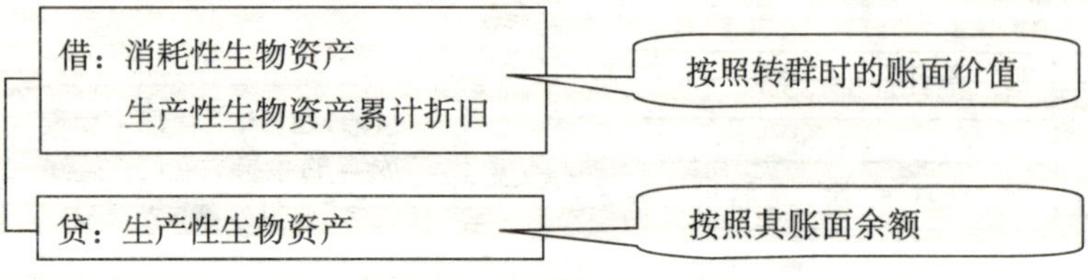

图10-2　产畜或役畜淘汰转为育肥畜的账务处理

（2）育肥畜转为产畜或役畜的账务处理如图 10－3 所示。

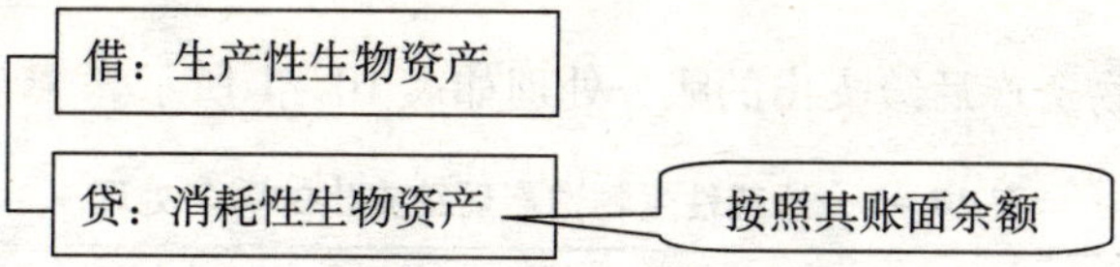

图 10－3　育肥畜转为产畜或役畜的账务处理

▶ 案例解析

【例 10－2】某畜牧养殖小企业，其自行繁殖的 20 头种牛转为育肥牛，该批种牛的账面原价为 100 000 元，已计提累计折旧 5 000 元。该小企业的会计处理如下。

借：消耗性生物资产　　95 000
　　生产性生物资产累计折旧　　5 000
　贷：生产性生物资产　　100 000

消耗性生物资产发生的后续支出

▶ 业务概述

小企业择伐、间伐或抚育更新性质采伐而补植林木类消耗性生物资产发生的后续支出，借记“消耗性生物资产”科目，贷记“银行存款”等科目。

小企业林木类消耗性生物资产达到郁闭后发生的管护费用等后续支出，借记“管理费用”科目，贷记“银行存款”等科目。

农业生产过程中发生的应归属于消耗性生物资产的费用，按照应分配的金额，借记“消耗性生物资产”科目，贷记“生产成本”科目。

▶ 账务处理

消耗性生物资产后续支出的账务处理如表 10－1 所示。

表 10－1　消耗性生物资产后续支出的账务处理

消耗性生物资产	账务处理
择伐、间伐或抚育更新性质采伐而补植林木类消耗性生物资产发生的后续支出	借：消耗性生物资产 　　贷："银行存款"等科目
林木类消耗性生物资产达到郁闭后发生的管护费用等后续支出	借：管理费用 　　贷："银行存款"等科目
农业生产过程中发生的应归属于消耗性生物资产的费用	借：消耗性生物资产 　　贷：生产成本

▶ 案例解析

【例 10－3】某小企业对某用材林达到郁闭后进行管理维护，应支付费用 30 000 元。该小企业的会计处理如下。

借：管理费用　　30 000

　　贷：银行存款　　30 000

消耗性生物资产收获为农产品

▶ 业务概述

消耗性生物资产收获为农产品时，应按照其账面余额，借记"农产品"科目，贷记"消耗性生物资产"科目。

▶ 账务处理

消耗性生物资产收获为农产品时的账务处理如图 10－4 所示。

借：农产品 —— 按照其账面余额

贷：消耗性生物资产

图 10－4　消耗性生物资产收获为农产品时的账务处理

▶ 案例解析

【例 10－4】某小企业入库小麦 100 吨，成本为 70 000 元。该小企业的会计处理如下。

借：农产品——小麦　　70 000

　　贷：消耗性生物资产　　70 000

出售消耗性生物资产

▶ 业务概述

出售消耗性生物资产，应按照实际收到的金额，借记“银行存款”等科目，贷记“主营业务收入”等科目。按照其账面余额，借记“主营业务成本”等科目，贷记“消耗性生物资产”科目。

▶ 账务处理

(1) 出售消耗性生物资产的账务处理如图 10－5 所示。

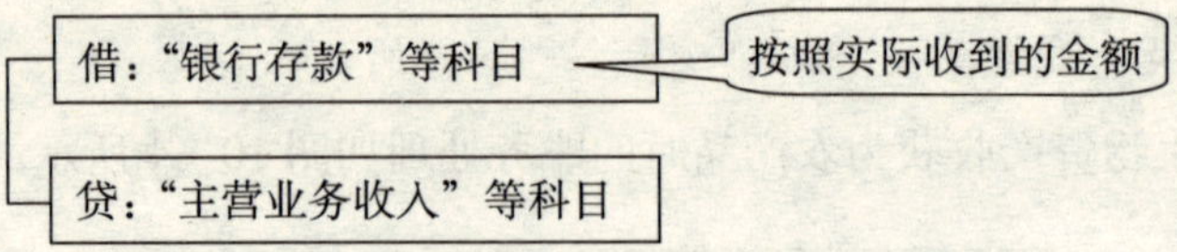

图 10－5　出售消耗性生物资产的账务处理

(2)结转成本的账务处理如图 10－6 所示。

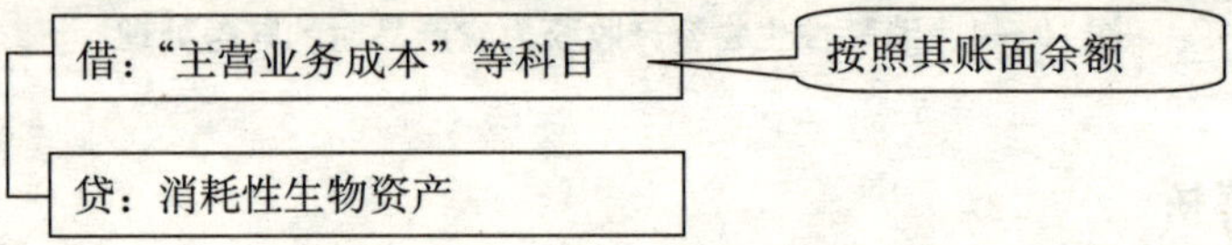

图 10－6　结转成本的账务处理

▶ 案例解析

【例 10－5】 某畜牧养殖小企业将育成的 50 头仔猪出售给某肉类加工企业，价款总额为 30 000 元，货款已存入银行。出售时仔猪的账面余额为 15 000 元。该小企业的会计处理如下。

借：银行存款	30 000	
贷：主营业务收入		30 000
借：主营业务成本	15 000	
贷：消耗性生物资产		15 000

第十一章 固定资产相关经济业务

取得固定资产

▶ 业务概述

小企业购入（含以分期付款方式购入）不需要安装的固定资产，应当按照实际支付的购买价款、相关税费（不包括按照税法规定可抵扣的增值税进项税额）、运输费、装卸费、保险费等，借记“固定资产”科目，按照税法规定可抵扣的增值税进项税额，借记“应交税费——应交增值税（进项税额）”科目，贷记“银行存款”“长期应付款”等科目。

购入需要安装的固定资产，先记入“在建工程”科目，安装完成后再转入“固定资产”科目。

自行建造固定资产完成竣工决算，按照竣工决算前发生相关支出，借记“固定资产”科目，贷记“在建工程”科目。

取得投资者投入的固定资产，应当按照评估价值和相关税费，借记“固定资产”或“在建工程”科目，贷记“实收资本”“资本公积”科目。

融资租入的固定资产，在租赁期开始日，按照租赁合同约定的付款总额和在签订租赁合同过程中发生的相关税费等，借记“固定资产”或“在建工程”科目，贷记“长期应付款”等科目。

▶ 账务处理

(1)小企业购入固定资产的账务处理如表11－1所示。

表11－1　小企业购入固定资产的账务处理

固定资产	账务处理
不需要安装	借：固定资产(按照实际支付价款和相关税费) 应交税费——应交增值税(进项税额) 贷："银行存款"等科目
需要安装	借：在建工程 贷："银行存款"等科目 安装完成后： 借：固定资产 贷：在建工程

(2)自行建造固定资产的账务处理如图11－1所示。

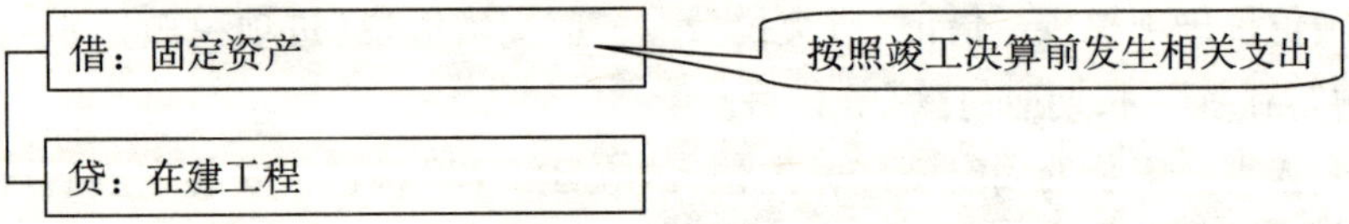

图11－1　自行建造固定资产的账务处理

(3)投资者投入固定资产的账务处理如图11－2所示。

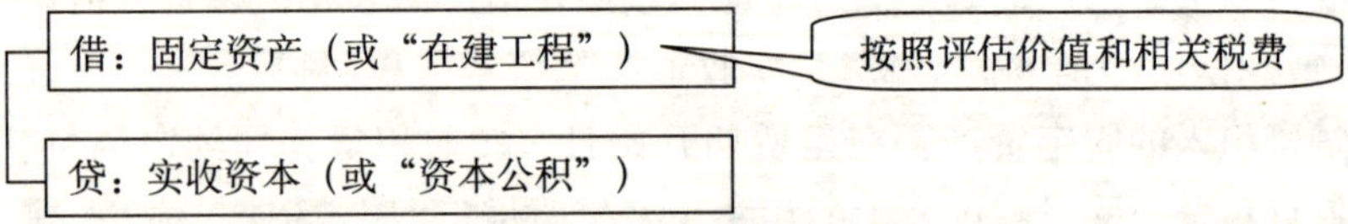

图11－2　投资者投入固定资产的账务处理

(4)融资租入固定资产的账务处理如图11－3所示。

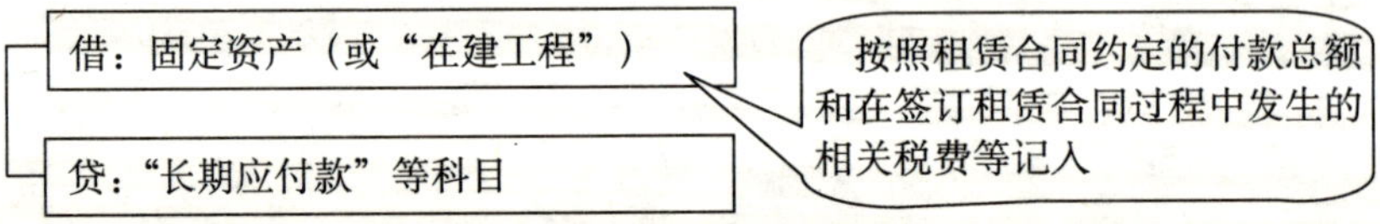

图11－3　融资租入固定资产的账务处理

▶ 案例解析

【例11－1】某小企业2013年4月12日购入一台不需要安装的机器设备，该设备的购买价款为180 000元，增值税额30 600元，支付运输费2 000元，保险费1 000元，款项全部通过银行存款付清。该小企业的会计处理如下。

借：固定资产　　183 000
　　应交税税——应交增值税(进项税额)　　30 600
　　贷：银行存款　　213 600

【例11－2】某小企业2013年5月3日购入一台需要安装的机器设备，该设备的购买价款为100 000元，增值税额17 000元，支付运输费1 500元，另外支付安装费用2 700元，上述款项已通过银行存款支付。该小企业的会计处理如下。

(1)购入并安装：

借：在建工程　　101 500
　　应交税费——应交增值税(进项税额)　　17 000
　　贷：银行存款　　118 500

(2)支付安装费：

借：在建工程　　2 700
　　贷：银行存款　　2 700

(3)设备安装完毕交付使用：

借：固定资产　　104 200
　　贷：在建工程　　104 200

固定资产使用过程中发生的费用

▶ 业务概述

小企业在固定资产使用过程中发生的修理费，应当按照固定资产的受益对象，借记“制造费用”“管理费用”等科目，贷记“银行存款”等科目。

固定资产的大修理支出，借记“长期待摊费用”科目，贷记“银行存款”等科目。

▶ 账务处理

(1)固定资产使用过程中发生的修理费的账务处理如图 11－4 所示。

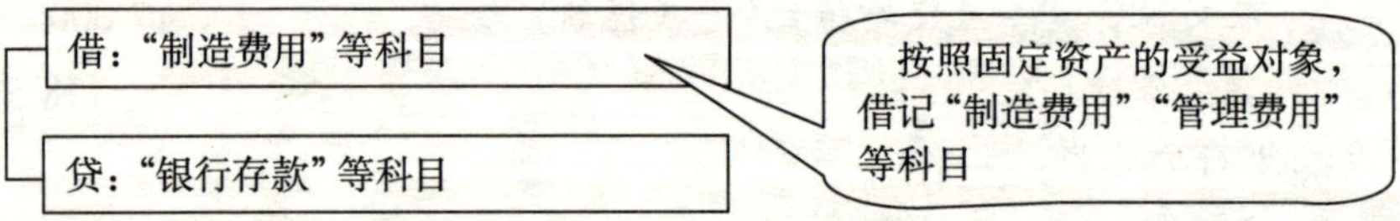

图 11－4　固定资产使用过程中发生的修理费的账务处理

(2)固定资产的大修理支出的账务处理如图 11－5 所示。

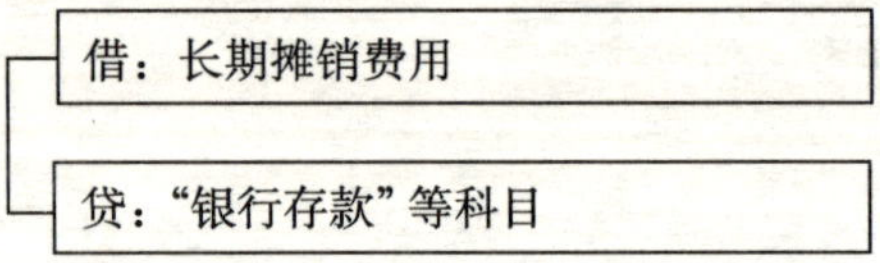

图 11－5　固定资产的大修理支出的账务处理

案例解析

【例 11 -3】某小企业对现有的一台生产用机器设备进行日常维修护理，用银行存款支付修理费 1 500 元。该小企业的会计处理如下。

借：制造费用　1 500

　贷：银行存款　1 500

固定资产改扩建

业务概述

小企业对固定资产进行改扩建时，应当按照该项固定资产账面价值，借记“在建工程”科目，按照其已计提的累计折旧，借记“累计折旧”科目，按照其原价，贷记“固定资产”科目。

账务处理

固定资产改扩建的账务处理如图 11 -6 所示。

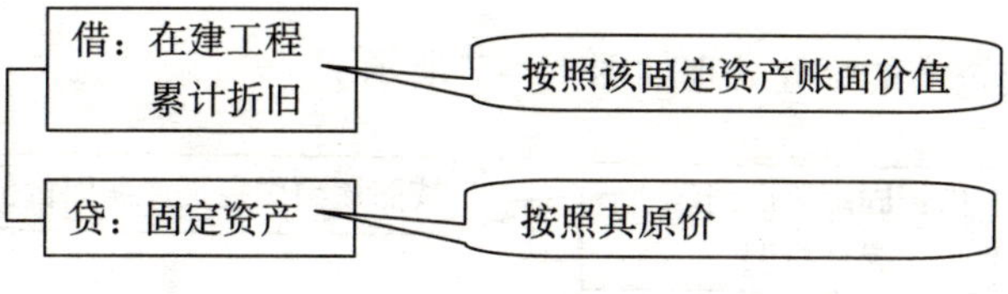

图 11 -6　固定资产改扩建的账务处理

▶ 案例解析

【例 11－4】某小企业对原有的一项固定资产进行改扩建，该项固定资产的建造成本为 120 000 元，已计提的累计折旧为 50 000 元。该小企业的会计处理如下。

借：在建工程	70 000	
累计折旧	50 000	
贷：固定资产		120 000

处置固定资产

▶ 业务概述

小企业因出售、报废、毁损、对外投资等原因处置固定资产，应当按照该项固定资产账面价值，借记“固定资产清理”科目，按照其已计提的累计折旧，借记“累计折旧”科目，按照其原价，贷记“固定资产”科目。

▶ 账务处理

处置固定资产的账务处理如图 11－7 所示。

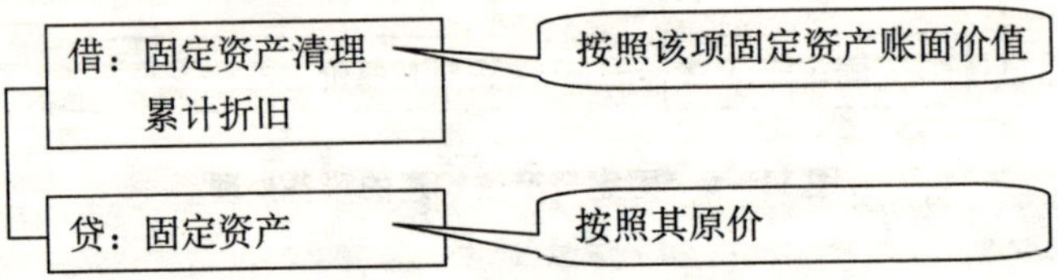

图 11－7　处置固定资产的账务处理

▶ 案例解析

【例11－5】某小企业处置一台原价为120 000元的机器设备，该机器设备已计提的累计折旧为75 000元。该小企业的会计处理如下。

借：固定资产清理	45 000	
累计折旧	75 000	
贷：固定资产		120 000

盘盈、盘亏的固定资产

▶ 业务概述

盘盈的固定资产，按照同类或类似固定资产的市场价格或评估价值扣除按照新旧程度估计的折旧后的余额，借记“固定资产”科目，贷记“待处理财产损溢——待处理非流动资产损溢”科目。

盘亏的固定资产，按照该项固定资产的账面价值，借记“待处理财产损溢——待处理非流动资产损溢”科目，按照已计提的折旧，借记“累计折旧”科目，按照其原价，贷记“固定资产”科目。

▶ 账务处理

(1)盘盈的固定资产的账务处理如图11－8所示。

图11－8　盘盈的固定资产的账务处理

(2)盘亏的固定资产的账务处理如图 11－9 所示。

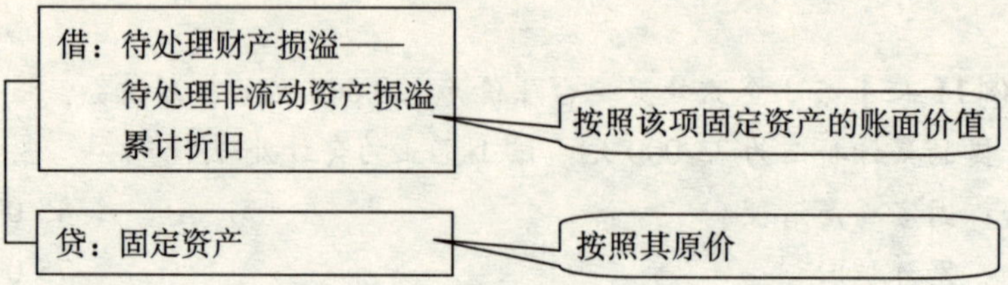

图 11－9　盘亏的固定资产的账务处理

▶ 案例解析

【例 11－6】某小企业月末清查固定资产时发现有盘亏的固定资产，该项固定资产原价值 100 000 元，已计提的累计折旧为 70 000 元。该小企业的会计处理如下。

借：待处理财产损溢——待处理非流动资产损溢　30 000
　　累计折旧　70 000
　　贷：固定资产　100 000

第十二章 累计折旧相关经济业务

▶ 业务概述

小企业应当按照年限平均法(即直线法，下同)计提折旧。小企业的固定资产由于技术进步等原因，确需加速折旧的，可以采用双倍余额递减法和年数总和法计提折旧。小企业应当按月计提折旧，当月增加的固定资产，当月不计提折旧，从下月起计提折旧；当月减少的固定资产，当月仍计提折旧，从下月起不计提折旧。

小企业按月计提固定资产的折旧费，应当按照固定资产的受益对象，借记“制造费用”“管理费用”等科目，贷记“累计折旧”科目。

▶ 账务处理

计提折旧的账务处理如图 12 -1 所示。

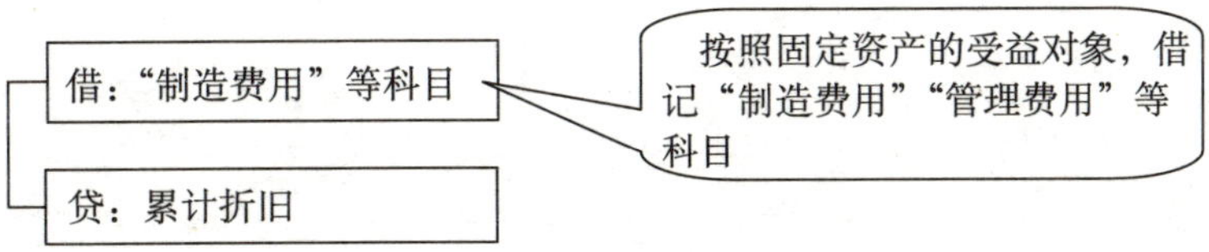

图 12 -1　计提折旧的账务处理

▶ 案例解析

【例12-1】某小企业2013年5月固定资产计提折旧的情况如下：机器设备计提折旧18 500元，厂房计提折旧21 500元；行政办公楼计提折旧17 000元；销售部门的运输工具计提折旧13 000元。该小企业的会计处理如下。

借：制造费用	40 000	
管理费用	17 000	
销售费用	13 000	
贷：累计折旧		70 000

第十三章 固定资产清理相关经济业务

处置固定资产

▶ 业务概述

“固定资产清理”科目核算小企业因出售、报废、毁损、对外投资等原因处置固定资产所转出的固定资产账面价值以及在清理过程中发生的费用等。

▶ 账务处理

小企业因出售、报废、毁损、对外投资等原因处置固定资产，应当按照该项固定资产的账面价值，借记“固定资产清理”科目，按照其已计提的累计折旧，借记“累计折旧”科目，按照其原价，贷记“固定资产”科目。

同时，按照税法规定不得从增值税销项税额中抵扣的进项税额，借记“固定资产清理”科目，贷记“应交税费——应交增值税(进项税额转出)”科目。

▶ 案例解析

参考“处置固定资产”业务的例题。

清理发生的相关费用或处置收入

▶ 业务概述

清理过程中应支付的相关税费及其他费用，借记“固定资产清理”科目，贷记“银行存款”“应交税费”等科目。取得出售固定资产的价款、残料价值和变价收入等处置收入，借记“银行存款”“原材料”等科目，贷记“固定资产清理”科目。应由保险公司或过失人赔偿的损失，借记“其他应收款”等科目，贷记“固定资产清理”科目。

▶ 账务处理

(1)清理过程中支付的相关费用的账务处理如图 13－1 所示。

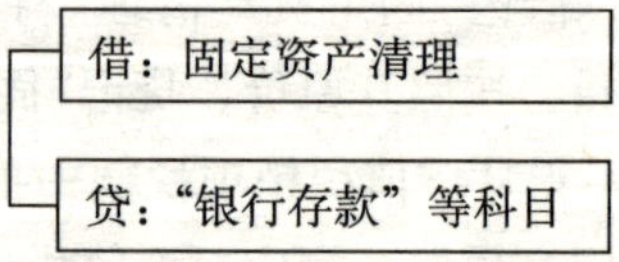

图 13－1　清理过程中支付的相关费用的账务处理

(2)取得各种处置收入的账务处理如图 13－2 所示。

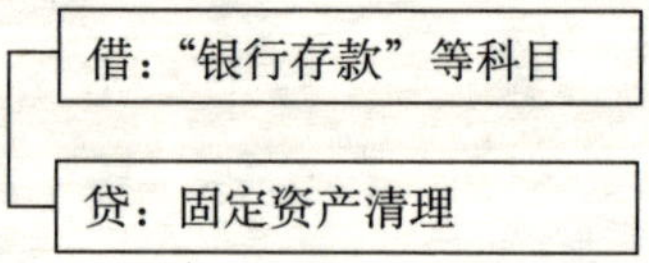

图 13－2　取得各种处置收入的账务处理

(3)由保险公司或过失人赔偿损失的账务处理如图 13－3 所示。

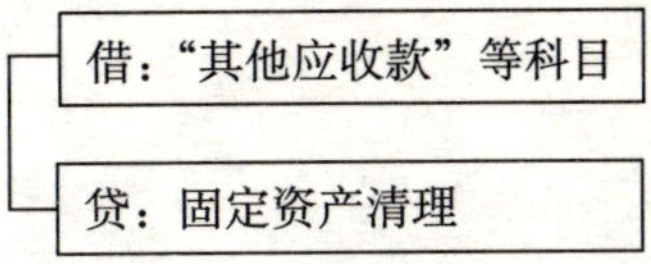

图 13－3　由保险公司或过失人赔偿损失的账务处理

▶ 案例解析

【例 13－1】某小企业清理一台机器设备，该机器设备原价 150 800 元，累计已计提折旧 145 000 元。在清理过程中，用银行存款支付清理费用 5 000 元，收到残料变卖收入 2 600 元，支付相关税费 300 元。该小企业的会计处理如下。

(1)固定资产转入清理：

借：固定资产清理	5 800	
累计折旧	145 000	
贷：固定资产		150 800

(2)支付相关税费和费用：

借：固定资产清理	5 300	
贷：银行存款		5 000
应交税费		300

(3)收入残料变卖收入：

借：银行存款	2 600	
贷：固定资产清理		2 600

清理完成，结转损益

▶ 业务概述

固定资产清理完成后，如为借方余额，借记“营业外支出——处置非流动资产净损失”科目，贷记“固定资产清理”科目。如为贷方余额，借记“固定资产清理”科目，贷记“营业外收入——处置非流动资产净收益”科目。

▶ 账务处理

(1)借方有余额的账务处理如图 13－4 所示。

借：营业外支出——处置非流动资产净损失

贷：固定资产清理

图 13－4　借方有余额的账务处理

(2)贷方有余额的账务处理如图 13－5 所示。

借：固定资产清理

贷：营业外收入——处置非流动资产净收益

图 13－5　贷方有余额的账务处理

▶ 案例解析

【例 13－2】承接**【例 13－1】**，结转该小企业固定资产清理损溢。该小企业的会计处理如下。

借：营业外支出——处置非流动资产净损失	8 500	
贷：固定资产清理		8 500

第十四章 生产性生物资产相关经济业务

取得生产性生物资产

▶ 业务概述

“生产性生物资产”科目核算小企业（农、林、牧、渔业）持有的生产性生物资产的原价（成本）。应按照“未成熟生产性生物资产”和“成熟生产性生物资产”，分别就生物资产的种类、群别等进行明细核算。

小企业外购的生产性生物资产，按照购买价款和相关税费，借记“生产性生物资产”科目，贷记“银行存款”等科目。涉及按照税法规定可抵扣的增值税进项税额的，还应当借记“应交税费——应交增值税（进项税额）”科目。

自行营造的林木类生产性生物资产，达到预定生产经营目的前发生的造林费、抚育费、营林设施费、良种试验费、调查设计费和应分摊的间接费用等必要支出，借记“生产性生物资产”（未成熟生产性生物资产）科目，贷记“原材料”“银行存款”“应付利息”等科目。

自行繁殖的产畜和役畜，达到预定生产经营目的前发生的饲料费、人工费和应分摊的间接费用等必要支出，借记“生产性生物资产”（未成熟生产性生物资产）科目，贷记“原材料”“银行存款”“应付利息”等科目。

未成熟生产性生物资产达到预定生产经营目的时，按照其账面余额，借记“生产性生物资产”（成熟生产性生物资产）科目，贷记“生产性生物资产”（未成熟生产性生物资产）科目。

▶ 账务处理

生产性生物资产的账务处理如表 14－1 所示。

表 14－1　生产性生物资产的账务处理

生产性生物资产	账务处理
外购的生产性生物资产	借：生产性生物资产 应交税费——应交增值税(进项税额) 贷："银行存款"等科目
自行营造的林木类生产性生物资产	借：生产性生物资产——未成熟生产性生物资产 贷："原材料"等科目
自行繁殖的产畜和役畜	借：生产性生物资产——未成熟生产性生物资产 贷："原材料"等科目
未成熟生产性生物资产达到预定生产经营目的时	借：生产性生物资产——成熟生产性生物资产 贷：生产性生物资产——未成熟生产性生物资产

▶ 案例解析

【例 14－1】 2012 年 4 月 2 日，某小企业从市场上购买了 8 头种牛和 10 头种羊，单价分别为 3 500 元和 2 400 元，共支付价款 52 000 元，另支付运输费 3 000 元，装卸费 120 元，全部价款以银行存款付清。4 月 24 日，该小企业开始自行营造果树，发生种苗费 165 000 元，肥料及农药费 124 000 元。预计 2016 年该批果树达到预定生产经营目的。

(1)2012 年 4 月 2 日，购买种牛和种羊：

运输费和装卸费的分摊比例＝(3 000＋120)÷52 000＝6%；

种牛应分摊＝8×3 500×6%＝1 680(元)；

种羊应分摊＝10×2 400×6%＝1 440(元)。

借：生产性生物资产——种牛	29 680
——种羊	25 440
贷：银行存款	55 120

(2)2012 年 4 月 24 日，自行营造果树：

借：生产性生物资产——未成熟生产性生物资产(果树) 289 000

贷：原材料——种苗 165 000

——肥料及农药费 124 000

(3)2016 年，果树达到预定生产经营目的：

借：生产性生物资产——成熟生产性生物资产(果树) 289 000

贷：生产性生物资产——未成熟生产性生物资产(果树) 289 000

育肥畜与产畜或役畜之间相互转换

业务概述

育肥畜转为产畜或役畜，应当按照其账面余额，借记“生产性生物资产”科目，贷记“消耗性生物资产”科目。

产畜或役畜淘汰转为育肥畜，应按照转群时其账面价值，借记“消耗性生物资产”科目，按照已计提的累计折旧，借记“生产性生物资产累计折旧”科目，按照其原价，贷记“生产性生物资产”科目。

账务处理

参考“消耗性生物资产转群”业务。

案例解析

参考【例 10-2】。

发生后续支出

业务概述

择伐、间伐或抚育更新等生产性采伐而补植林木类生产性生物资产发生的后续支出，借记“生产性生物资产”(未成熟生产性生物资产)科目，贷记“银行存款”等科目。

生产性生物资产发生的管护、饲养费用等后续支出，借记“管理费用”科目，贷记“银行存款”等科目。

账务处理

(1)补植林木类生产性生物资产发生的后续支出的账务处理如图 14－1 所示。

借：生产性生物资产（未成熟生产性生物资产）

贷：“银行存款”等科目

图 14－1　补植林木类生产性生物资产发生的后续支出的账务处理

(2)生产性生物资产发生的管护、饲养费用等后续支出的账务处理如图 14－2 所示。

借：管理费用

贷：“银行存款”等科目

图 14－2　生产性生物资产发生的管护、饲养费用等后续支出的账务处理

▶ 案例解析

【例 14－2】 承接 **【例 14－1】**，若该小企业购买该批种牛和种羊后又发生了饲养费用 78 000 元，以及在果树抚育期间共支付了 850 000 元。这些后续支出均用银行存款付清。该小企业的会计处理如下。

(1) 支付种牛和种羊的饲养费用：

借：管理费用	78 000	
贷：银行存款		78 000

(2) 果树的后续支出：

借：生产性生物资产——未成熟生产性生物资产	850 000	
贷：银行存款		850 000

处置生产性生物资产

▶ 业务概述

因出售、报废、毁损、对外投资等原因处置生产性生物资产，应按照取得的出售生产性生物资产的价款、残料价值和变价收入等处置收入，借记“银行存款”等科目，按照已计提的累计折旧，借记“生产性生物资产累计折旧”科目，按照其原价，贷记“生产性生物资产”科目，按照其差额，借记“营业外支出——处置非流动资产净损失”科目或贷记“营业外收入——处置非流动资产净收益”科目。

▶ 账务处理

(1) 处置发生损失的账务处理如图 14－3 所示。

借：“银行存款”等科目

　　生产性生物资产累计折旧

　　营业外支出——处置非流动资产净损失

贷：生产性生物资产

图 14－3　处置发生损失的账务处理

(2)处置发生收益的账务处理如图 14－4 所示。

借：“银行存款”等科目

　　生产性生物资产累计折旧

贷：生产性生物资产

　　营业外支出——处置非流动资产净收益

图 14－4　处置发生收益的账务处理

▶ 案例解析

【例 14－3】承接**【例 14－1】**，该小企业于 2012 年 6 月 5 日出售了 4 头种牛和 5 头种羊，实际单价为 4 000 元和 3 000 元，累计已计提折旧 8 000 元。该小企业的会计处理如下。

借：银行存款	31 000
累计折旧	8 000
贷：生产性生物资产——种牛	14 840
——种羊	12 720
营业外收入——处置非流动资产净收益	11 440

第十五章 在建工程相关经济业务

在建工程期间领用物资及发生相关费用

▶ 业务概述

小企业在在建工程竣工结算前，可能会发生领用工程物资，支付职工薪酬、借款利息及试运转过程中发生的支出等事项。

自营工程领用工程物资，借记“在建工程”科目，贷记“工程物资”科目。

在建工程应负担的职工薪酬，借记“在建工程”科目，贷记“应付职工薪酬”科目。

在建工程使用本企业的产品或商品，应当按照成本，借记“在建工程”科目，贷记“库存商品”科目。同时，按照税法规定应交纳的增值税额，借记“在建工程”科目，贷记“应交税费——应交增值税(销项税额)”科目。

在建工程在竣工决算前发生的借款利息，在应付利息日应当根据借款合同利率计算确定的利息费用，借记“在建工程”科目，贷记“应付利息”科目。办理竣工决算后发生的利息费用，在应付利息日，借记“财务费用”科目，贷记“应付利息”等科目。

在建工程在试运转过程中发生的支出，借记“在建工程”科目，贷记“银行存款”等科目；形成的产品或者副产品对外销售或转为库存商品的，借记“银行存款”“库存商品”等科目，贷记“在建工程”科目。

自营工程办理竣工决算，借记“固定资产”科目，贷记“在建工程”科目。

▶ 账务处理

在建工程的账务处理如表 15－1 所示。

表 15－1　在建工程的账务处理

在建工程	账务处理
自营工程领用工程物资	借：在建工程 　　贷：工程物资
应负担的职工薪酬	借：在建工程 　　贷：应付职工薪酬
使用本企业的产品或商品	借：在建工程(按照成本) 　　贷：库存商品 借：在建工程 　　贷：应交税费——应交增值税(销项税额)
发生的借款利息	在竣工决算前发生的： 借：在建工程 　　贷：应付利息(根据借款合同利率计算确定的利息费用) 在竣工决算后发生的： 借：财务费用 　　贷：应付利息
试运转过程中发生的支出	借：在建工程 　　贷：银行存款
形成的产品或者副产品对外销售或转为库存商品	借：银行存款(或“库存商品”) 　　贷：在建工程
办理竣工决算	借：固定资产 　　贷：在建工程

▶ 案例解析

【例 15－1】某小企业 2012 年 7 月自行建造一厂房，10 月底完工并交付使用。3 日领用工程物资一批，价值 70 000 元；7 日计提工程人员工资 65 000 元；18 日确认借款利息 15 000 元。该小企业的会计处理如下。

(1)2012 年 7 月 3 日，领用工程物资：

借：在建工程　　70 000

　　贷：工程物资　　70 000

(2)2012 年 7 月 7 日，计提工资：

借：在建工程　　65 000

　　贷：应付职工薪酬　　65 000

(3)2012 年 7 月 18 日，确认借款利息：

借：在建工程　　15 000

　　贷：应付利息　　15 000

(4)2012 年 10 月底，厂房完工交付使用：

借：固定资产　　150 000

　　贷：在建工程　　150 000

出包工程

业务概述

出包工程，按照工程进度和合同规定结算的工程价款，借记“在建工程”科目，贷记“银行存款”“预付账款”等科目。

工程完工收到承包单位提供的账单，借记“固定资产”科目，贷记“在建工程”科目。

账务处理

(1)按照工程进度和合同规定结算的工程价款的账务处理如图 15 - 1 所示。

借：在建工程

贷："银行存款"等科目

图 15－1　按照工程进度和合同规定结算的工程价款的账务处理

(2)工程完工收到承包单位提供的账单的账务处理如图 15－2 所示。

借：固定资产

贷：在建工程

图 15－2　工程完工收到承包单位提供的账单的账务处理

▶ 案例解析

【例 15－2】某小企业 2012 年 5 月出包给 A 企业一仓库建造工程，合同中规定的工程价款为 300 000 元，通过银行支付。8 月该工程完工，小企业收到 A 企业提供的账单。该小企业的账务处理如下。

(1)2012 年 5 月：

借：在建工程　　　　300 000

　　贷：银行存款　　　　300 000

(2)2013 年 8 月：

借：固定资产　　　　300 000

　　贷：在建工程　　　　300 000

第十六章 无形资产相关经济业务

取得无形资产

▶ 业务概述

小企业外购无形资产，应当按照实际支付的购买价款、相关税费和相关的其他支出（含相关的利息费用），借记“无形资产”科目，贷记“银行存款”“应付利息”等科目。

自行研究开发无形资产发生的研发支出，不满足资本化条件的，借记“研发支出——费用化支出”科目；满足资本化条件的，借记“研发支出——资本化支出”科目，贷记“原材料”“银行存款”“应付职工薪酬”等科目。自行开发建造厂房等建筑物，外购土地及建筑物支付的价款应当在建筑物与土地使用权之间按照合理的方法进行分配，其中属于土地使用权的部分，借记“无形资产”科目，贷记“银行存款”等科目。

开发项目达到预定用途形成无形资产的，按照应予资本化的支出，借记“无形资产”科目，贷记“研发支出——资本化支出”科目。月末，应将费用化支出金额转入“管理费用”科目，借记“管理费用”科目，贷记“研发支出——费用化支出”。

收到投资者投入的无形资产，应当按照评估价值和相关税费，借记“无形资产”科目，贷记“实收资本”“资本公积”等科目。

▶ 账务处理

无形资产的账务处理如表 16 – 1 所示。

表 16-1 无形资产的账务处理

无形资产	账务处理
外购无形资产	借：无形资产 贷："银行存款"等科目
自行开发无形资产	借：研发支出——费用化支出(资本化支出) 贷："银行存款"等科目
开发项目达到预定用途形成无形资产	借：无形资产(按照应予资本化的支出) 管理费用(按照费用化的支出) 贷：研发支出
收到投资者投入的无形资产	借：无形资产(按照评估价值和相关税费) 贷：实收资本(或"资本公积")

▶ 案例解析

【例 16-1】 2012 年 1 月 7 日，某小企业从 A 企业购入一项商标权，支付实际价款为 120 000 元，并支付相关税费 8 500 元，全部款项以银行存款付清。3 月 10 日，小企业决定自行研发一项产品专利技术，研究开发过程中发生材料费 108 000 元、开发人员工资 80 000 元、其他费用 12 000 元。其中，符合资本化条件的费用为 114 000 元。6 月 30 日，该项专利技术达到预定用途。该小企业的会计处理如下。

(1)2012 年 1 月 7 日，购入商标权：

借：无形资产——商标使用权　　128 500

　贷：银行存款　　128 500

(2)2012 年 3 月 10 日，开发专利技术：

借：研发支出——费用化支出　　86 000

　　　　　　——资本化支出　　114 000

　贷：原材料　　108 000

　　　应付职工薪酬　　80 000

　　　银行存款　　12 000

(3)2012 年 6 月 30 日，该项专利技术达到预定用途：

借：无形资产	114 000	
管理费用	86 000	
贷：研发支出——费用化支出		86 000
——资本化支出		114 000

处置无形资产

业务概述

因出售、报废、对外投资等原因处置无形资产，应当按照取得的出售无形资产的价款等处置收入，借记“银行存款”等科目，按照其已计提的累计摊销，借记“累计摊销”科目，按照应支付的相关税费及其他费用，贷记“应交税费——应交营业税”“银行存款”等科目，按照其成本，贷记“无形资产”科目，按照其差额，贷记“营业外收入——处置非流动资产净收益”科目或借记“营业外支出——处置非流动资产净损失”科目。

账务处理

(1)处置时产生收益的账务处理如图 16－1 所示。

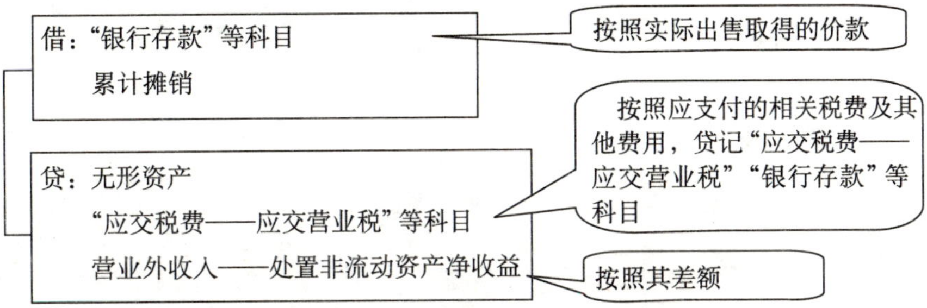

图 16－1　处置时产生收益的账务处理

(2)处置时产生损失的账务处理如图 16－2 所示。

借："银行存款"等科目
　　累计摊销
　　营业外支出——处置非流动资产净损失

贷：无形资产
　　"应交税费——应交营业税"等科目

图 16－2　处置时产生损失的账务处理

▶ 案例解析

【例 16－2】某小企业出售其拥有的一项成本为 200 000 元的非专利技术，取得收入 150 000 元，应交营业税 4 500 元，该非专利技术已摊销 80 000 元。该小企业的会计处理如下。

借：银行存款	150 000	
累计摊销	80 000	
贷：无形资产		200 000
应交税费——应交营业税		4 500
营业外收入——处置非流动资产净收益		25 500

第十七章 累计摊销相关经济业务

▶ 业务概述

小企业按月采用年限平均法计提无形资产的摊销，应当按照无形资产的受益对象，借记"制造费用""管理费用"等科目，贷记"累计摊销"科目。

处置无形资产时还应同时结转累计摊销。

▶ 账务处理

(1)计提无形资产摊销的账务处理如图 17－1 所示。

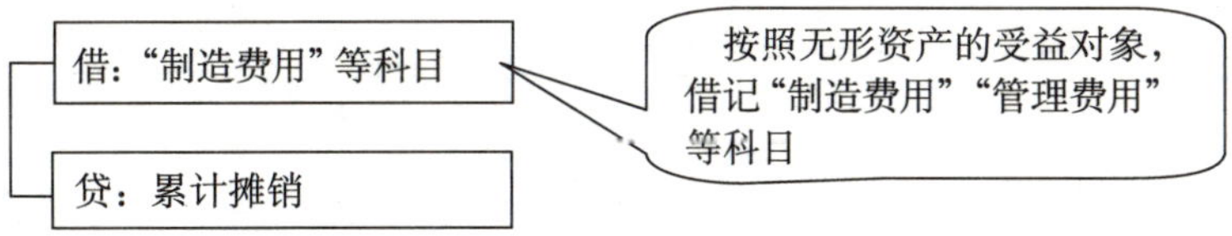

图 17－1 计提无形资产摊销的账务处理

(2)处置固定资产时结转累计摊销，参考"处置无形资产"业务。

▶ 案例解析

【例 17－1】某小企业从 A 企业购入一项生产用专利技术，支付实际价款 180 000 元，款项已支付，估计该专利技术的使用寿命为 10 年，净残值为零，按年限平均法摊销。该小企业的会计处理如下。

(1)取得无形资产：

借：无形资产	180 000	
贷：银行存款		180 000

(2)按年摊销：

借：制造费用	18 000	
贷：累计摊销		18 000

第十八章 长期待摊费用相关经济业务

发生长期待摊费用

▶ 业务概述

“长期待摊费用”科目核算小企业已提足折旧的固定资产的改建支出、经营租入固定资产的改建支出、固定资产的大修理支出和其他长期待摊费用等。

小企业发生的长期待摊费用，借记“长期待摊费用”科目，贷记“银行存款”“原材料”等科目。

▶ 账务处理

发生长期待摊费用的账务处理如图 18－1 所示。

借：长期待摊费用

贷：“银行存款”等科目

图 18－1 长期待摊费用的账务处理

▶ 案例解析

【例 18－1】某小企业于 2012 年 5 月 1 日对一台设备进行大修，在修理期间发生修理费、办公费、培训费等，共计 56 000 元，用银行存款支付。该小企业的会计处理如下。

借：长期待摊费用　　56 000

　　贷：银行存款　　56 000

摊销长期待摊费用

▶ 业务概述

按月采用年限平均法摊销长期待摊费用，应当按照长期待摊费用的受益对象，借记“制造费用”“管理费用”等科目，贷记“长期待摊费用”科目。

▶ 账务处理

摊销长期待摊费用的账务处理如图 18－2 所示。

借：“制造费用”等科目

贷：长期待摊费用

图 18－2　摊销长期待摊费用的账务处理

▶ 案例解析

【例 18－2】 承接**【例 18－1】**，假定该设备每 2 年大修一次，2012 年 5 月 31 日，摊销该设备的大修费用。

56 000 ÷ 2 ÷ 12 = 2 333. 33(元)。

借：管理费用　　2 333. 33

　　贷：长期待摊费用　　2 333. 33

第三篇

债权、债务的发生和结算

第十九章 应收及预付款项相关经济业务

因销售商品或提供劳务形成应收账款

▶ 业务概述

“应收账款”科目核算小企业因销售商品、提供劳务等日常生产经营活动应收取的款项。

小企业因销售商品或提供劳务形成应收账款，应当按照应收金额，借记“应收账款”科目，按照税法规定应交纳的增值税销项税额，贷记“应交税费——应交增值税(销项税额)”科目，按照其差额，贷记“主营业务收入”或“其他业务收入”科目。

▶ 账务处理

形成应收账款的账务处理如图19－1所示。

借：应收账款

贷：主营业务收入(或“其他业务收入”)
　　应交税费——应交增值税(销项税额)

图19－1　形成应收账款的账务处理

▶ 案例解析

【例19－1】某小企业2012年5月2日销售一批商品给A企业，开出增值税专用发票上注明的价款为240 000元，增值税销项税额为40 800元，款项尚未收到。该小企业的会计处理如下。

借：应收账款——A 企业　　280 800
　　贷：主营业务收入　　240 000
　　　　应交税费——应交增值税(销项税额)　　40 800

收回应收账款

▶ 业务概述

小企业收回应收账款，借记“银行存款”或“库存现金”科目，贷记“应收账款”科目。

▶ 账务处理

收回应收账款的账务处理如图 19－2 所示。

借：银行存款（或“库存现金”）

贷：应收账款

图 19－2　收回应收账款的账务处理

▶ 案例解析

【例 19－2】承接**【例 19－1】**，该小企业于 2012 年 5 月 20 日收到该批商品的价款。该小企业的会计处理如下：

借：银行存款　　280 800
　　贷：应收账款——A 企业　　280 800

发生坏账损失

▶ 业务概述

按照《小企业会计准则》规定确认应收账款实际发生的坏账损失，应当按照可收回的金额，借记“银行存款”等科目，按照其账面余额，贷记“应收账款”科目，按照其差额，借记“营业外支出”科目。

▶ 账务处理

发生坏账损失的账务处理如图 19－3 所示。

借：银行存款（或“库存现金”）
　　营业外支出

贷：应收账款

图 19－3　发生坏账损失的账务处理

▶ 案例解析

【例 19－3】承接**【例 19－1】**，假设 A 企业因财务状况发生恶化，只偿还了 120 000 元的贷款。该小企业的会计处理如下。

借：银行存款	120 000	
营业外支出	160 800	
贷：应收账款——A 企业		280 800

收到应收票据

▶ 业务概述

“应收票据”科目核算小企业因销售商品(产成品或材料)、提供劳务等日常生产经营活动而收到的商业汇票(银行承兑汇票和商业承兑汇票)。

小企业因销售商品、提供劳务等而收到开出、承兑的商业汇票，按照商业汇票的票面金额，借记“应收票据”科目，按照确认的营业收入，贷记“主营业务收入”等科目。涉及增值税销项税额的，还应当贷记“应交税费——应交增值税(销项税额)”科目。

▶ 账务处理

收到应收票据的账务处理如图 19 -4 所示。

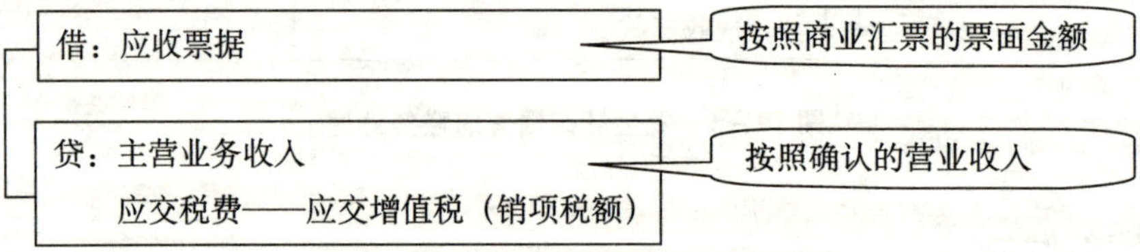

图 19 -4　收到应收票据的账务处理

▶ 案例解析

【例 19 -4】某小企业 2012 年 5 月 2 日，出售给 A 企业一批材料，价款为 120 000 元，增值税额为 20 400 元，收到 A 企业开出的商业承兑汇票。该小企业的会计处理如下。

借：应收票据——A 企业　　140 400

　　贷：主营业务收入　　120 000

　　　　应交税费——应交增值税(销项税额)　　20 400

未到期的商业票据向银行贴现

业务概述

持未到期的商业汇票向银行贴现，应按照实际收到的金额(即减去贴现息后的净额)，借记“银行存款”科目，按照贴现息，借记“财务费用”科目，按照商业汇票的票面金额，贷记“应收票据”(银行无追索权情况下)或“短期借款”科目(银行有追索权情况下)。

账务处理

(1)银行无追索权情况下贴现的账务处理如图19－5所示。

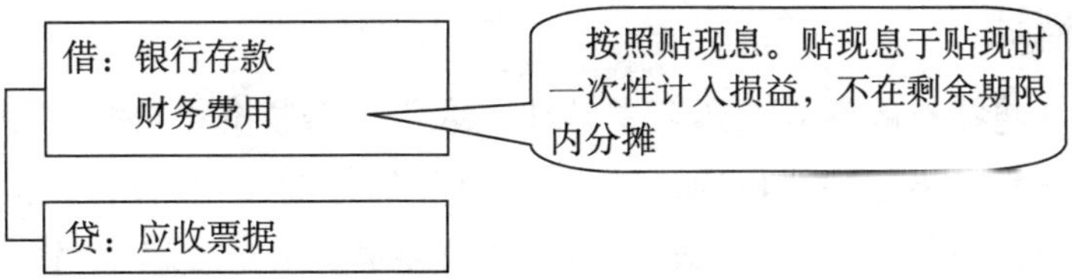

图19－5　银行无追索权情况下贴现的账务处理

(2)银行有追索权情况下贴现的账务处理如图19－6所示。

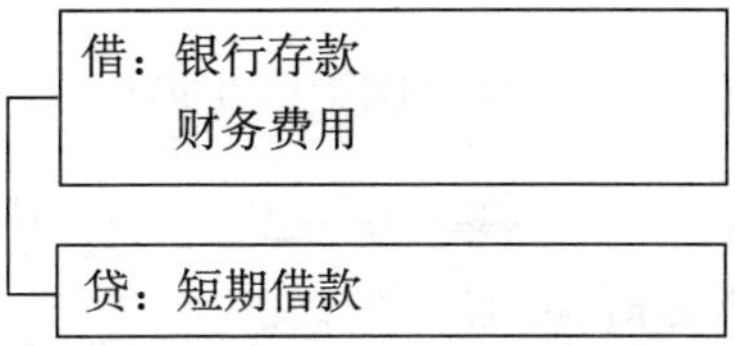

图19－6　银行有追索权情况下贴现的账务处理

▶ 案例解析

【例 19－5】承接【例 19－4】，该小企业将收到的票据向银行贴现，贴现息为 400 元。银行无追索权。该小企业的会计处理如下。

借：银行存款　　140 000

　　财务费用　　400

　　贷：应收票据　　140 400

商业票据背书转让

▶ 业务概述

小企业将持有的商业汇票背书转让以取得所需物资，按照应计入取得物资成本的金额，借记“材料采购”或“原材料”“库存商品”等科目，按照商业汇票的票面金额，贷记“应收票据”科目，如有差额，借记或贷记“银行存款”等科目。涉及按照税法规定可抵扣的增值税进项税额的，还应当借记“应交税费——应交增值税(进项税额)”科目。

▶ 账务处理

商业票据背书转让的账务处理如图 19－7 所示。

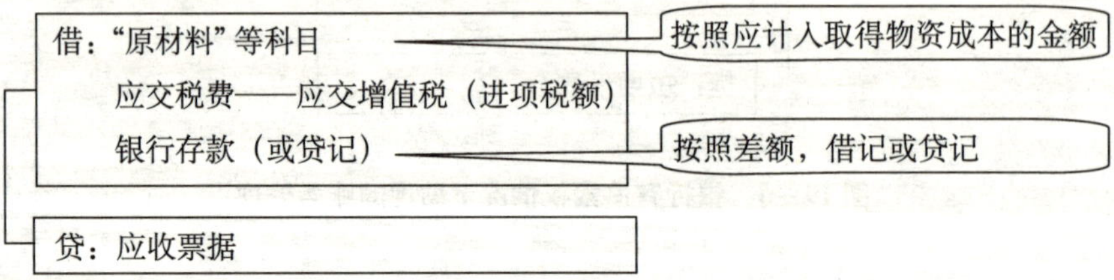

图 19－7　商业票据背书转让的账务处理

▶ 案例解析

【例 19－6】 承接**【例 19－4】**，该小企业从 B 企业购入一批商品，实际价款 180 000 元，增值税额为 30 600 元，用收到的 A 企业的商业票据背书转让给 B 企业。该小企业的会计处理如下。

借：库存商品	180 000	
应交税费——应交增值税(进项税额)	30 600	
贷：应收票据		140 400
银行存款		70 200

商业票据到期

▶ 业务概述

商业汇票到期，应按照实际收到的金额，借记“银行存款”科目，贷记“应收票据”科目。

因付款人无力支付票款，或到期不能收回应收票据，应按照商业汇票的票面金额，借记“应收账款”科目，贷记“应收票据”科目。

▶ 账务处理

(1)到期收回款项的账务处理如图 19－8 所示。

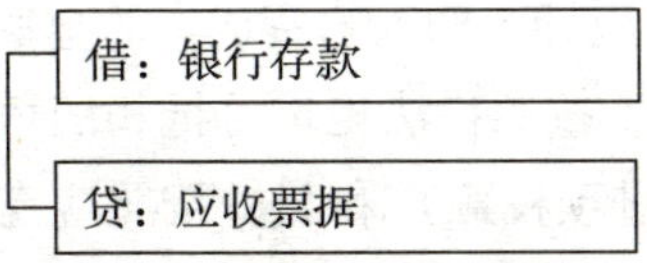

图 19－8　到期收回款项的账务处理

(2)到期不能收回款项的账务处理如图 19－9 所示。

借：应收账款

贷：应收票据

图 19－9　到期不能收回款项的账务处理

▶ 案例解析

【**例 19－7**】承接【**例 19－4**】，假设该小企业于 5 月 20 日收回货款。该小企业的会计处理如下。

借：银行存款　　140 400

　　贷：应收票据——A 企业　　140 400

小企业因购货而预付货款

▶ 业务概述

“预付账款”科目核算小企业按照合同规定预付的款项。预付款项情况不多的小企业，也可以不设置本科目，将预付的款项直接记入“应付账款”科目借方。

小企业因购货而预付的款项，借记“预付账款”科目，贷记“银行存款”等科目。

收到所购物资，按照应计入购入物资成本的金额，借记“在途物资”或“原材料”“库存商品”等科目，按照税法规定可抵扣的增值税进项税额，借记“应交税费——应交增值税(进项税额)”科目，按照应支付的金额，贷记“预付账款”科目。补付的款项，借记“预付账款”科目，贷记“银行存款”等科目；退回多付的款项，作相反的会计分录。

▶ 账务处理

(1)因购货而预付款项的账务处理如图 19－10 所示。

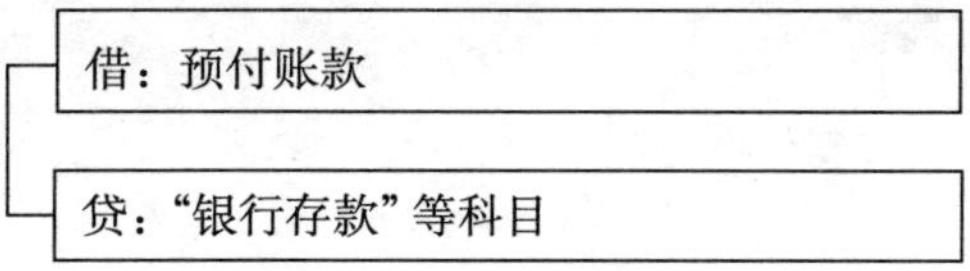

图 19－10　因购货而预付款项的账务处理

(2)收到货物的账务处理如图 19－11 所示。

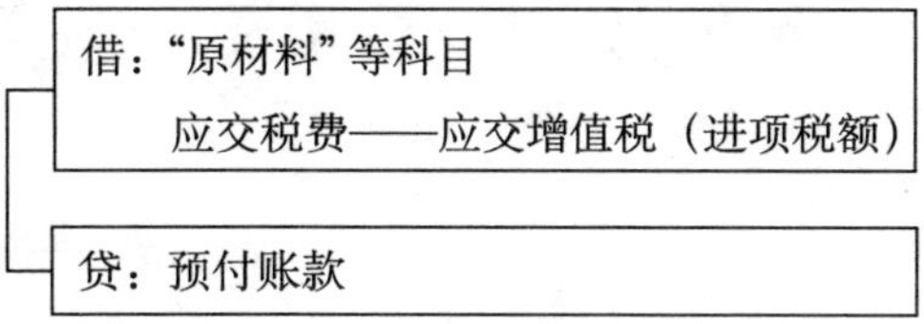

图 19－11　收到货物的账务处理

(3)补付款项的账务处理如图 19－12 所示。

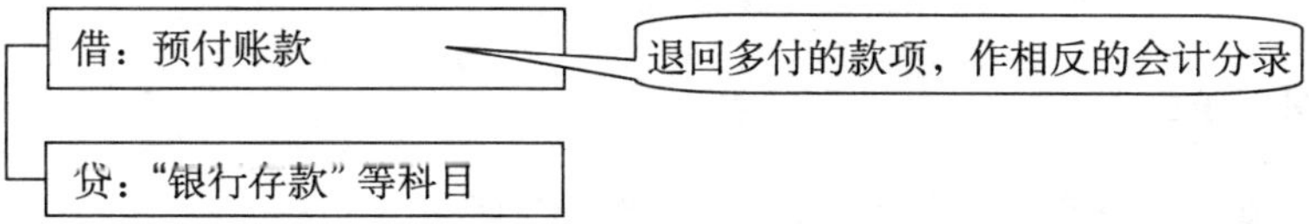

图 19－12　补付款项的账务处理

▶ 案例解析

【例 19－8】某小企业 2013 年 2 月 3 日购入 A 企业一批材料，与 A 企业签订的合同规定预付的货款为 120 000 元，该小企业用银行存款支付货款 120 000 元，增值税额 20 400 元，材料尚未收到。2 月 10 日收到该批货物，并验收入库。该小企业的会计处理如下。

(1)2013 年 2 月 3 日，购入材料：

借：预付账款	140 400
贷：银行存款	140 400

(2)2013 年 2 月 10 日，收到材料：

借：原材料　　120 000

　　应交税费——应交增值税(进项税额)　　20 400

　　贷：预付账款　　140 400

预付工程价款

▶ 业务概述

小企业进行在建工程预付的工程价款，也通过“预付账款”科目核算。出包工程按照合同规定预付的工程价款，借记“预付账款”科目，贷记“银行存款”等科目。按照工程进度和合同规定结算的工程价款，借记“在建工程”科目，贷记“预付账款”“银行存款”等科目。

▶ 账务处理

(1)预付工程价款的账务处理如图 19－13 所示。

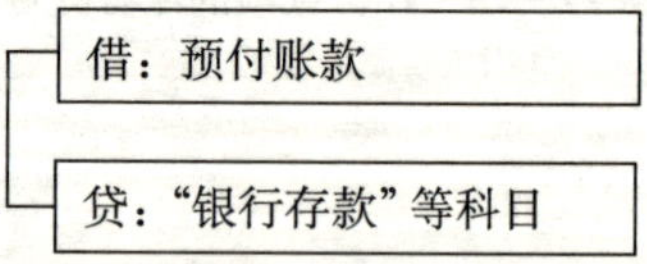

图 19－13　预付工程价款的账务处理

(2)结算工程价款的账务处理如图 19－14 所示。

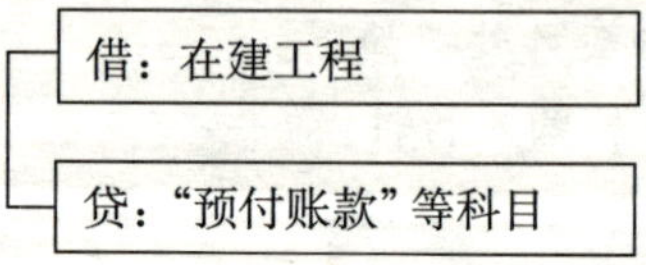

图 19－14　结算工程价款的账务处理

▶ 案例解析

【例 19 -9】 某小企业 2012 年 3 月 7 日出包一工程给 A 企业，合同上规定的预付工程价款为 204 000 元，小企业通过银行存款支付。6 月 5 日该工程完工，结算工程价款。其账务处理如下。

(1)2012 年 3 月 7 日，预付工程价款：

借：预付账款　　204 000

　　贷：银行存款　　204 000

(2)2012 年 6 月 5 日，结算工程价款：

借：在建工程　　204 000

　　贷：预付账款　　204 000

确认预付账款实际发生的坏账损失

▶ 业务概述

按照《小企业会计准则》规定确认预付账款实际发生的坏账损失，应当按照可收回的金额，借记“银行存款”等科目，按照其账面余额，贷记“预付账款”科目，按照其差额，借记“营业外支出”科目。

▶ 账务处理

预付账款发生坏账损失的账务处理如图 19 - 15 所示。

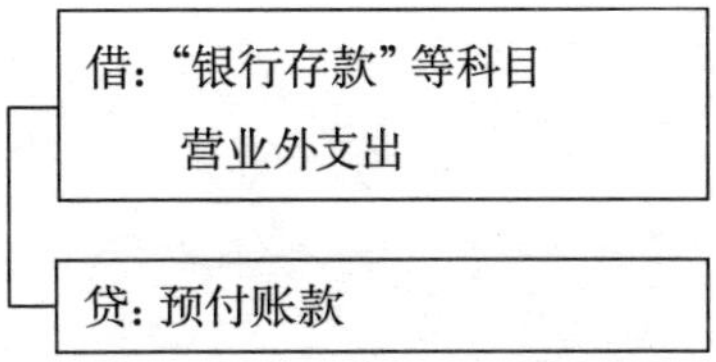

图 19 -15　预付账款发生坏账损失的账务处理

▶ 案例解析

【例 19－10】某小企业 2013 年 2 月 5 日从 A 企业购入一批商品，预付货款 180 000 元。2 月 10 日，A 企业由于无法提供该批商品，只能退回给小企业 165 000 元。该小企业的会计处理如下。

借：银行存款　165 000

　　营业外支出　15 000

　　贷：预付账款　180 000

第二十章 应付及预收款项相关经济业务

购入材料、商品，货款尚未支付

业务概述

“应付账款”科目核算小企业因购买材料、商品和接受劳务等日常生产经营活动应支付的款项。

小企业购入材料、商品等未验收入库，货款尚未支付，应当根据有关凭证(发票账单、随货同行发票上记载的实际价款或暂估价值)，借记“在途物资”科目，按照可抵扣的增值税进项税额，借记“应交税费——应交增值税(进项税额)”科目，按照应付的价款，贷记“应付账款”科目。

账务处理

购入材料、商品发生应付账款的账务处理如图 20－1 所示。

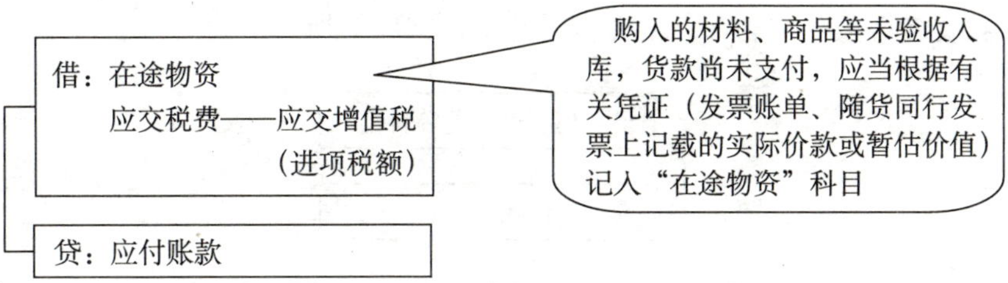

图 20－1　购入材料、商品发生应付账款的账务处理

▶ 案例解析

【例 20－1】 某小企业 2012 年 5 月 3 日从 A 企业购入一批商品，商品尚未验收入库，增值税专用发票上记载的实际货款为 158 000 元，增值税额为 26 860 元，货款尚未支付。该小企业的会计处理如下。

借：在途物资	158 000
应交税费——应交增值税(进项税额)	26 860
贷：应付账款	184 860

接受劳务而发生的应付未付款项

▶ 业务概述

接受供应单位提供劳务而发生的应付未付款项，应当根据供应单位的发票账单，借记“生产成本”“管理费用”等科目，贷记“应付账款”科目。

▶ 账务处理

接受劳务发生应付账款的账务处理如图 20－2 所示。

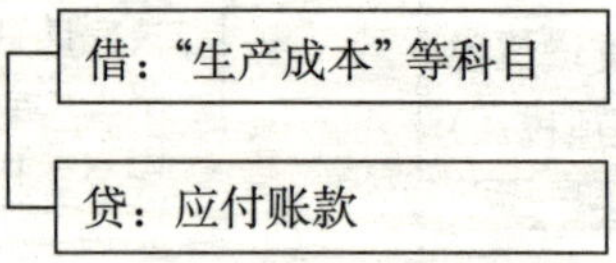

图 20－2　接受劳务发生应付账款的账务处理

▶ 案例解析

【例 20－2】 某小企业因生产需要接受 A 企业提供的生产加工劳务，应支付 A 企业劳务费 80 000 元，款项尚未支付。该小企业的会计处理如下。

借：生产成本　　80 000

　　贷：应付账款　　80 000

偿还应付未付款项

▶ 业务概述

偿付应付账款，借记“应付账款”科目，贷记“银行存款”等科目。小企业确实无法偿付的应付账款，借记“应付账款”科目，贷记“营业外收入”科目。

▶ 账务处理

(1)偿付应付账款的账务处理如图 20－3 所示。

借：应付账款

贷：“银行存款”等科目

图 20－3　偿付应付账款的账务处理

(2)确实无法偿付的应付账款的账务处理如图 20－4 所示。

借：应付账款

贷：营业外收入

图 20－4　确实无法偿付的应付账款的账务处理

▶ 案例解析

【例 20－3】承接【例 20－1】，该小企业 5 月 20 日支付该批商品的货款。该小企业的会计处理如下。

借：应付账款　　184 860

　　贷：银行存款　　184 860

【例 20－4】承接【例 20－2】，该小企业因债权人撤销而无法支付这笔 80 000 元的应付账款。该小企业的会计处理如下。

借：应付账款　　80 000

　　贷：营业外收入　　80 000

开出、承兑商业票据

▶ 业务概述

“应付票据”科目核算小企业因购买材料、商品和接受劳务等日常生产经营活动开出、承兑的商业汇票(银行承兑汇票和商业承兑汇票)。

小企业开出、承兑商业汇票或以承兑商业汇票抵付货款、应付账款等，借记“材料采购”或“在途物资”“库存商品”等科目，贷记“应付票据”科目。涉及增值税进项税额的，还应进行相应的账务处理。

▶ 账务处理

开出、承兑商业票据的账务处理如图 20－5 所示。

借：“材料采购”等科目

　　应交税费——应交增值税（进项税额）

贷：应付票据

图 20－5　开出、承兑商业票据的账务处理

▶ 案例解析

【例 20－5】某小企业从 A 企业购入一批商品并验收入库，实际货款为 140 000 元，增值税额为 23 800 元，小企业开出银行承兑汇票给 A 企业。该小企业的会计处理如下。

借：库存商品	140 000	
应交税费——应交增值税(进项税额)	23 800	
贷：应付票据——A 企业		163 800

支付银行承兑汇票手续费及票款

▶ 业务概述

小企业支付银行承兑汇票的手续费，借记“财务费用”科目，贷记“银行存款”科目。支付票款，借记“应付票据”科目，贷记“银行存款”科目。

▶ 账务处理

(1) 支付银行承兑汇票手续费的账务处理如图 20－6 所示。

借：财务费用

贷：银行存款

图 20－6　支付银行承兑汇票手续费的账务处理

(2) 支付票款的账务处理如图 20－7 所示。

借：应付票据

贷：银行存款

图 20－7　支付票款的账务处理

▶ 案例解析

【例 20－6】 承接**【例 20－5】**，该小企业支付开给 A 企业票款，同时支付银行承兑汇票手续费 2 000 元。该小企业的会计处理如下。

借：应付票据——A 企业　　163 800

　　贷：银行存款　　163 800

借：财务费用　　2 000

　　贷：银行存款　　2 000

预收购货款、工程款等

▶ 业务概述

“预收账款”核算小企业按照合同规定预收的款项。包括预收的购货款、工程款等。预收账款情况不多的，也可以不设置本科目，将预收的款项直接记入“应收账款”科目贷方。

小企业向购货单位预收的款项，借记“银行存款”等科目，贷记“预收账款”科目。

▶ 账务处理

收到预收账款的账务处理如图 20－8 所示。

借：“银行存款”等科目

贷：预收账款

图 20－8　收到预收账款的账务处理

▶ 案例解析

【例 20－7】某小企业 2013 年 1 月 8 日出售给 A 企业一批材料，材料尚未发出。合同规定预收的货款为 135 000 元，小企业已收到货款。该小企业的会计处理如下。

借：银行存款 135 000

　　贷：预收账款 135 000

销售收入实现

▶ 业务概述

销售收入实现时，按照实现的收入金额，借记“预收账款”科目，贷记“主营业务收入”科目。涉及增值税销项税额的，还应进行相应的账务处理。

▶ 账务处理

销售收入实现时的账务处理如图 20－9 所示。

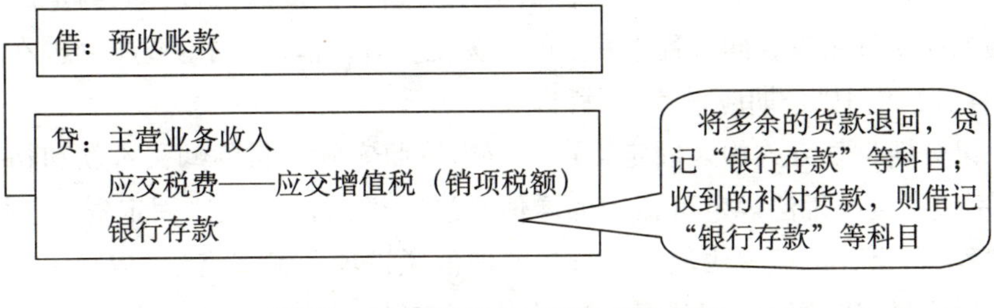

图 20－9 销售收入实现的账务处理

▶ 案例解析

【例 20-8】承接【例 20-7】，该小企业1月20日将A企业所购的价值100 000元的材料发出，该批材料的增值税为17 000元，并将多余的款项退回。该小企业的会计处理如下。

借：预收账款　135 000

　贷：主营业务收入　100 000

　　应交税费——应交增值税(销项税额)　17 000

　　银行存款　18 000

发生除长期借款外的其他各种长期应付款

▶ 业务概述

“长期应付款”科目核算小企业除长期借款以外的其他各种长期应付款项。包括应付融资租入固定资产的租赁费、以分期付款方式购入固定资产发生的应付款项等。

小企业融资租入固定资产，在租赁期开始日，按照租赁合同约定的付款总额和在签订租赁合同过程中发生的相关税费等，借记“固定资产”或“在建工程”科目，贷记“长期应付款”等科目。

以分期付款方式购入固定资产，应当按照实际支付的购买价款和相关税费(不包括按照税法规定可抵扣的增值税进项税额)，借记“固定资产”或“在建工程”科目，按照税法规定可抵扣的增值税进项税额，借记“应交税费——应交增值税(进项税额)”科目，贷记“长期应付款”科目。

▶ 账务处理

(1)融资租入固定资产的账务处理如图 20-10 所示。

借：“固定资产”等科目

贷：“长期应付款”等科目

图 20－10　融资租入固定资产的账务处理

(2)以分期付款方式购入固定资产的账务处理如图 20－11 所示。

借：“固定资产”等科目
　　应交税费——应交增值税（进项税额）

贷：“长期应付款”等科目

图 20－11　以分期付款方式购入固定资产的账务处理

▶ 案例解析

【例 20－9】某小企业以分期付款方式购入一台机器设备，购买价款为 150 000 元，增值税额为 25 500 元。该小企业的会计处理如下。

借：固定资产　　150 000
　　应交税费——应交增值税(进项税额)　　25 500
　　贷：长期应付款　　175 500

第二十一章 借款相关经济业务

借入短期借款

▶ 业务概述

“短期借款”科目核算小企业向银行或其他金融机构等借入的期限在1年内的各种借款。

小企业借入的各种短期借款，借记“银行存款”科目，贷记“短期借款”科目；偿还借款，做相反的会计分录。

银行承兑汇票到期，小企业无力支付票款的，按照银行承兑汇票的票面金额，借记“应付票据”科目，贷记“短期借款”科目。

▶ 账务处理

(1)借入短期借款的账务处理如图21－1所示。

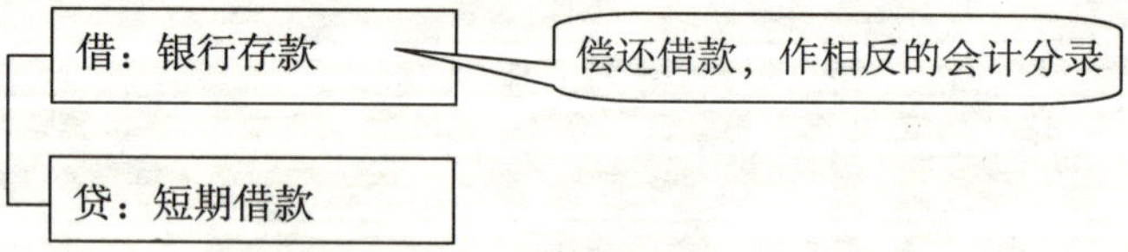

图21－1 借入短期借款的账务处理

(2)无力支付银行承兑汇票时的账务处理如图21－2所示。

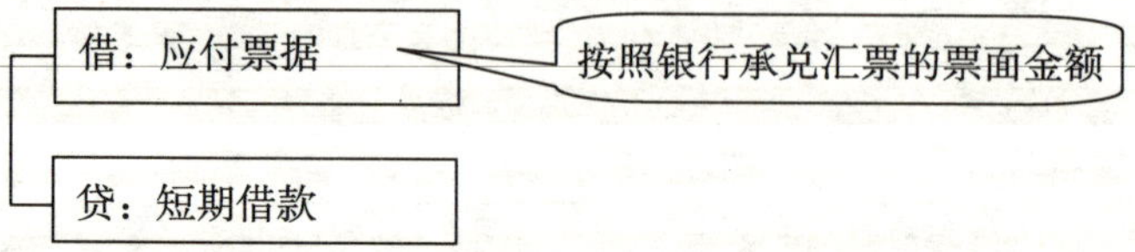

图21－2 无力支付银行承兑汇票的账务处理

▶ 案例解析

【例 21－1】某小企业 2013 年 3 月 7 日从银行借入短期存款 150 000 元，3 月 16 日，上月票面金额为 120 000 元的银行承兑汇票到期，小企业无力支付票款。该小企业的会计处理如下。

(1)2013 年 3 月 7 日，借入短期存款：

借：银行存款	150 000	
贷：短期借款		150 000

(2)2013 年 3 月 16 日，无力支付已到期的银行承兑汇票：

借：应付票据	120 000	
贷：短期借款		120 000

未到期的商业票据向银行贴现

▶ 业务概述

持未到期的商业汇票向银行贴现，应当按照实际收到的金额（即减去贴现息后的净额），借记“银行存款”科目，按照贴现息，借记“财务费用”科目，按照商业汇票的票面金额，贷记“应收票据”科目（银行无追索权情况下）或“短期借款”（银行有追索权情况下）。

▶ 账务处理

未到期的商业票据向银行贴现的账务处理如图 21－3 所示。

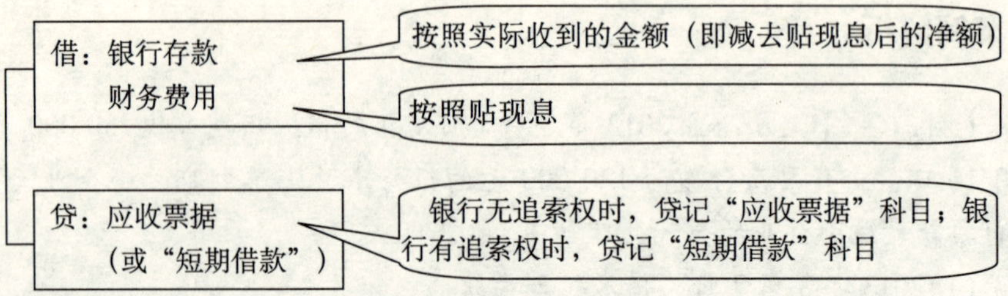

图 21－3　未到期的商业票据向银行贴现的账务处理

▶ 案例解析

【**例 21－2**】某小企业将其持有的尚未到期的商业汇票向银行贴现，票面金额为 135 000 元，实际收到的金额为 130 000 元，银行具有追索权。该小企业的会计处理如下。

借：银行存款　　130 000

　　财务费用　　5 000

　　贷：短期借款　　135 000

确定利息费用

▶ 业务概述

在应付利息日，小企业应当按照短期借款合同利率计算确定的利息费用，借记“财务费用”科目，贷记“应付利息”等科目。

▶ 账务处理

确定利息费用的账务处理如图 21－4 所示。

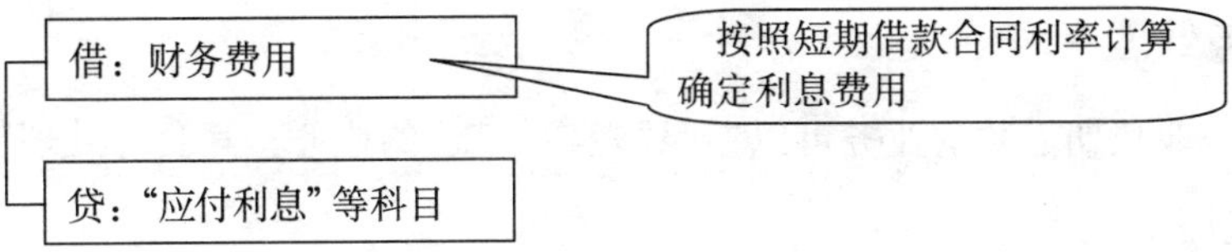

图 21－4　确定利息费用的账务处理

案例解析

【例 21－3】某小企业 2013 年 4 月 8 日向银行借入 200 000 元短期借款，合同上记载的利率为 5%，4 月 30 日确定应支付利息费用为 10 000 元。该小企业的会计处理如下。

(1)2013 年 4 月 8 日，借入短期借款：

借：银行存款	200 000	
贷：短期借款		200 000

(2)2013 年 4 月 30 日，确定利息费用：

借：财务费用	10 000	
贷：应付利息		10 000

长期借款的账务处理

业务概述

"长期借款"科目核算小企业向银行或其他金融机构借入的期限在 1 年以上的各项借款本金。

小企业借入长期借款，借记"银行存款"科目，贷记"长期借款"科目。

在应付利息日，应当按照借款本金和借款合同利率计提利息费用，借记"财务费用""在建工程"等科目，贷记"应付利息"科目。

偿还长期借款本金，借记"长期借款"科目，贷记"银行存款"科目。

▶ 账务处理

小企业长期借款的业务可以参照“短期借款”的业务，其会计处理相类似。

▶ 案例解析

略。

第二十二章　职工薪酬相关经济业务

月末计提职工薪酬

▶ 业务概述

“应付职工薪酬”科目核算小企业根据有关规定应付给职工的各种薪酬，应按照“职工工资”“奖金、津贴和补贴”“职工福利费”“社会保险费”“住房公积金”“工会经费”“职工教育经费”“非货币性福利”“辞退福利”等进行明细核算。

月末，小企业应当将本月发生的职工薪酬区分以下情况进行分配：

生产部门（提供劳务）人员的职工薪酬，借记“生产成本”“制造费用”等科目，贷记“应付职工薪酬”科目。

应由在建工程、无形资产开发项目负担的职工薪酬，借记“在建工程”“研发支出”等科目，贷记“应付职工薪酬”科目。

管理部门人员的职工薪酬和因解除与职工的劳动关系给予的补偿，借记“管理费用”科目，贷记“应付职工薪酬”科目。

销售人员的职工薪酬，借记“销售费用”科目，贷记“应付职工薪酬”科目。

▶ 账务处理

应付职工薪酬的账务处理如表 22－1 所示。

表 22－1　应付职工薪酬的账务处理

应付职工薪酬	账务处理
生产部门（提供劳务）人员的职工薪酬	借：“生产成本”等科目 　　贷：应付职工薪酬

(续表)

应付职工薪酬	账务处理
由在建工程、无形资产开发项目负担的职工薪酬	借："在建工程"等科目 　贷：应付职工薪酬
管理部门人员的职工薪酬和因解除与职工的劳动关系给予的补偿	借：管理费用 　贷：应付职工薪酬
销售人员的职工薪酬	借：销售费用 　贷：应付职工薪酬

▶ 案例解析

【例22-1】2013年3月，某小企业应发放工资情况如下：生产部门直接生产人员工资124 000元；生产部门管理人员工资40 000元；企业管理部门人员工资65 000元；产品销售部门人员工资20 000元；建造厂房人员工资32 000元。根据小企业所在地政府的规定，应按照职工工资总额的2%计提职工福利费，10%计提住房公积金费，2%计提工会经费，1.5%计提职工教育经费。该小企业的会计处理如下。

(1)应计入生产成本的职工薪酬 = 124 000 × (1 + 2% + 10% + 2% + 1.5%) = 143 220(元)；

应计入制造费用的职工薪酬 = 40 000 × (1 + 2% + 10% + 2% + 1.5%) = 46 200(元)；

应计入管理费用的职工薪酬 = 65 000 × (1 + 2% + 10% + 2% + 1.5%) = 75 075(元)；

应计入销售费用的职工薪酬 = 20 000 × (1 + 2% + 10% + 2% + 1.5%) = 23 100(元)；

应计入在建工程成本的职工薪酬 = 32 000 × (1 + 2% + 10% + 2% + 1.5%) = 36 960(元)。

(2)账务处理：

借：生产成本　　143 220
　　制造费用　　46 200
　　管理费用　　75 075
　　销售费用　　23 100

在建工程	36 960	
贷：应付职工薪酬——职工工资		281 000
——职工福利费		5 620
——住房公积金		28 100
——工会经费		5 620
——职工教育经费		4 215

抵减职工薪酬的情况

▶ 业务概述

小企业向职工支付工资、奖金、津贴、福利费等，从应付职工薪酬中扣还的各种款项(如代垫的家属药费、个人所得税)等，借记“应付职工薪酬”科目，贷记“库存现金”“银行存款”“其他应收款”“应交税费——应交个人所得税”等科目。

支付工会经费和职工教育经费用于工会活动和职工培训，借记“应付职工薪酬”科目，贷记“银行存款”等科目。

按照国家有关规定缴纳的社会保险费和住房公积金，借记“应付职工薪酬”科目，贷记“银行存款”科目。

以其自产产品发放给职工的，按照其销售价格，借记“应付职工薪酬”科目，贷记“主营业务收入”科目；同时，还应结转产成品的成本。涉及增值税销项税额的，还应进行相应的账务处理。

支付的因解除与职工的劳动关系给予职工的补偿，借记“应付职工薪酬”科目，贷记“库存现金”“银行存款”等科目。

▶ 账务处理

抵减职工薪酬的账务处理如表 22－2 所示。

表 22－2　抵减职工薪酬的账务处理

应付职工薪酬	账务处理
从应付职工薪酬中扣还的各种款项	借：应付职工薪酬 　　贷："库存现金"等科目
支付工会经费和职工教育经费用于工会活动和职工培训	借：应付职工薪酬 　　贷：银行存款
按照国家有关规定缴纳的社会保险费和住房公积金	借：应付职工薪酬 　　贷：银行存款
以其自产产品发放给职工的	借：应付职工薪酬 　　贷：主营业务收入
支付的因解除与职工的劳动关系给予职工的补偿	借：应付职工薪酬 　　贷："库存现金"等科目

▶ 案例解析

【例 22－2】2013 年 4 月，某小企业替其职工代垫个人所得税 58 000 元，支付 5 000 元工会经费用于工会活动，支付 12 000 元职工教育经费用于职工培训。该小企业的会计处理如下。

借：应付职工薪酬　　75 000

　　贷：银行存款　　17 000

　　　　应交税费——应交个人所得税　　58 000

第二十三章 各种税费相关经济业务

应交增值税的账务处理

业务概述

“应交税费”科目核算小企业按照税法等规定计算应交纳的各种税费。包括：增值税、消费税、营业税、城市维护建设税、企业所得税、资源税、土地增值税、城镇土地使用税、房产税、车船税、教育费附加、矿产资源补偿费、排污费等。小企业代扣代缴的个人所得税等，也通过“应交税费”科目核算。

应交增值税应当分别就“进项税额”“销项税额”“出口退税”“进项税额转出”“已交税金”等设置专栏。小规模纳税人只需设置“应交增值税”明细科目，不需要在“应交增值税”明细科目中设置上述专栏。

(1)小企业采购物资等，按照应计入采购成本的金额，借记“材料采购”或“在途物资”“原材料”“库存商品”等科目，按照税法规定可抵扣的增值税进项税额，借记“应交税费”(应交增值税——进项税额)科目，按照应付或实际支付的金额，贷记“应付账款”“银行存款”等科目。购入物资发生退货的，作相反的会计分录。

购进免税农业产品，按照购入农业产品的买价和税法规定的税率计算的增值税进项税额，借记“应交税费”(应交增值税——进项税额)科目，按照买价减去按照税法规定计算的增值税进项税额后的金额，借记“材料采购”或“在途物资”等科目，按照应付或实际支付的价款，贷记“应付账款”“库存现金”“银行存款”等科目。

(2)销售商品(提供劳务)，按照收入金额和应收取的增值税销项税额，借记“应收账款”“银行存款”等科目，按照税法规定应交纳的增值税销项税额，贷记“应交税费”(应交增值税——销项税额)科目，按照确认的营业收入金额，贷记“主营业务收入”“其他业务收入”等科目。发生销售退回的，作相反的会计分录。

随同商品出售但单独计价的包装物，应当按照实际收到或应收的金额，借记“银行存款”“应收账款”等科目，按照税法规定应交纳的增值税销项税额，贷记“应交税费”(应交增值税——销项税额)科目，按照确认的其他业务收入金额，贷记“其他业务收入”科目。

(3)有出口产品的小企业，其出口退税的账务处理如下：

①实行“免、抵、退”管理办法的小企业，按照税法规定计算的当期出口产品不予免征、抵扣和退税的增值税额，借记“主营业务成本”科目，贷记“应交税费”(应交增值税——进项税额转出)科目。按照税法规定计算的当期应予抵扣的增值税额，借记“应交税费”(应交增值税——出口抵减内销产品应纳税额)科目，贷记“应交税费”(应交增值税——出口退税)科目。

出口产品按照税法规定应予退回的增值税款，借记“其他应收款”科目，贷记“应交税费”(应交增值税——出口退税)科目。

②未实行“免、抵、退”管理办法的小企业，出口产品实现销售收入时，应当按照应收的金额，借记“应收账款”等科目，按照税法规定应收的出口退税，借记“其他应收款”科目，按照税法规定不予退回的增值税额，借记“主营业务成本”科目，按照确认的销售商品收入，贷记“主营业务收入”科目，按照税法规定应交纳的增值税额，贷记“应交税费”(应交增值税——销项税额)科目。

(4)购入材料等按照税法规定不得从增值税销项税额中抵扣的进项税额，其进项税额应计入材料等的成本，借记“材料采购”或“在途物资”等科目，贷记“银行存款”等科目，不通过“应交税费”(应交增值税——进项税额)核算。

(5)将自产的产品等用做福利发放给职工，应视同产品销售计算应交增值税的，借记“应付职工酬薪”科目，贷记“主营业务收入”“应交税费”(应交增值税——销项税额)等科目。

(6)购进的物资、在产品、产成品因盘亏、毁损、报废、被盗，以及购进物资改变用途等原因按照税法规定不得从增值税销项税额中抵扣的进项税额，其进项税额应转入有关科目，借记“待处理财产损溢”等科目，贷记“应交税费”(应交增值税——进项税额转出)科目。

由于工程而使用本企业的产品或商品，应当按照成本，借记“在建工程”科目，贷记“库存商品”科目。同时，按照税法规定应交纳的增值税销项税额，借记"在建工程"科目，贷记"应交税费"(应交增值税——销项税额)科目。

(7)交纳的增值税，借记"应交税费"(应交增值税——已交税金)科目，贷记"银行存款"科目。

▶ 账务处理

(1)购入物资的账务处理如表23-1所示。

表23-1 购入物资的账务处理

增值税	账务处理
小企业采购物资等	借："材料采购"等科目(按照应计入采购成本的金额) 应交税费——应交增值税(进项税额) 贷："应付账款"等科目(购入物资发生退货的，作相反的会计分录)
购进免税农业产品	借：应交税费——应交增值税(进项税额) "材料采购"等科目(按照买价减去按照税法规定计算的增值税金额) 贷："应付账款"等科目

(2)销售商品或提供劳务的账务处理如表23-2所示。

表23-2 销售商品或提供劳务的账务处理

增值税	账务处理
销售商品(提供劳务)	借："应收账款"等科目 贷：应交税费——应交增值税(销项税额) "主营业务收入"等科目(发生销售退回的，作相反的会计分录)
随同商品出售但单独计价的包装物	借："银行存款"等科目 贷：应交税费——应交增值税(销项税额) 其他业务收入

(3)出口退税的账务处理如表23-3所示。

表 23－3 出品退税的账务处理

增值税	账务处理	
实行“免、抵、退”管理办法的小企业	按照税法规定计算的当期出口产品不予免征、抵扣和退税的增值税额	借：主营业务成本 贷：应交税费——应交增值税（进项税额转出）
	按照税法规定计算的当期应予抵扣的增值税额	借：应交税费——应交增值税（出口抵减内销产品应纳税额） 贷：应交税费——应交增值税（出口退税）
	按照税法规定应予退回的增值税款	借：其他应收款 贷：应交税费——应交增值税（出口退税）
未实行“免、抵、退”管理办法的小企业	借：“应收账款”等科目（按照实现的销售收入） 其他应收款（按照税法规定应收的出口退税） 主营业务成本（按照税法规定不予退回的增值税额） 贷：主营业务收入 应交税费——应交增值税（销项税额）	

(4)购入材料等按照税法规定不得从增值税销项税额中抵扣的进项税额的账务处理如图 23－1 所示。

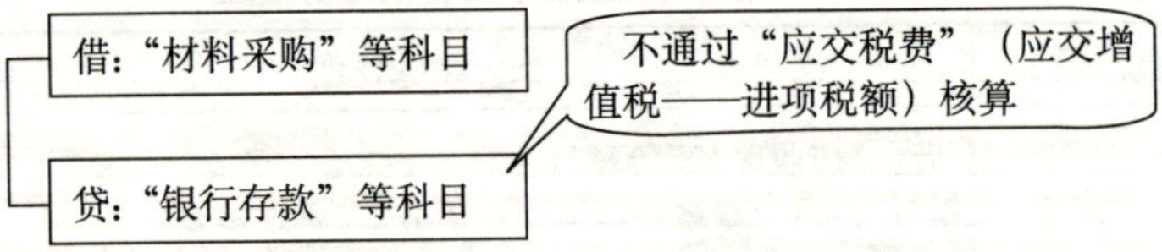

图 23－1 不得从增值税销项税额中抵扣的进项税额的账务处理

(5)将自产的产品等用作福利发放给职工，应视同产品销售的账务处理如图 23－2 所示。

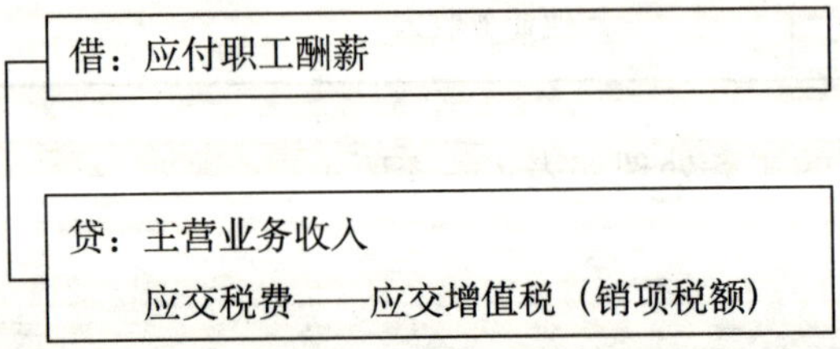

图 23－2 视同销售的账务处理

(6)因盘亏、毁损、报废、被盗，以及购进物资改变用途等原因按照税法规定不得从增值税销项税额中抵扣的进项税额的账务处理如图 23 –3 所示。

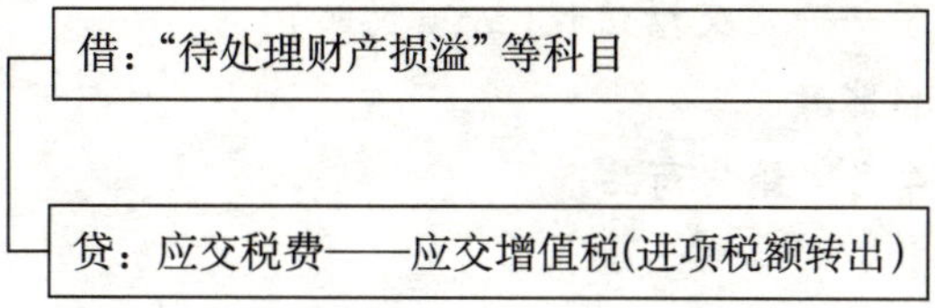

图 23 –3　因盘亏、毁损、报废、被盗，以及购进物资改变用途等原因按照税法规定不得从增值税销项税额中抵扣的进项税额的账务处理

(7)由于工程而使用本企业的产品或商品的账务处理如图 23 –4 所示。

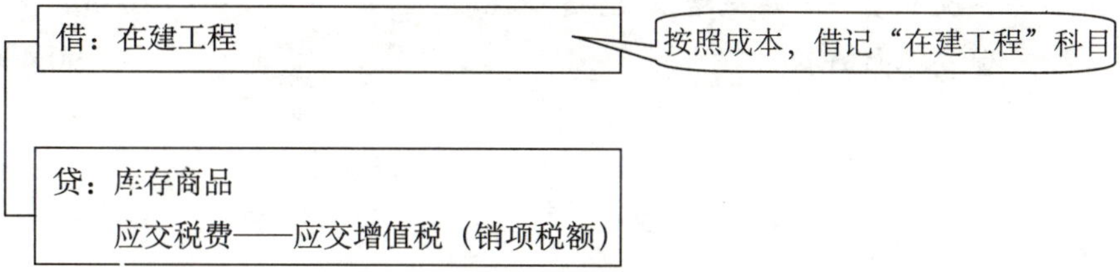

图 23 –4　由于工程而使用本企业的产品或商品的账务处理

(8)交纳增值税的账务处理如图 23 –5 所示。

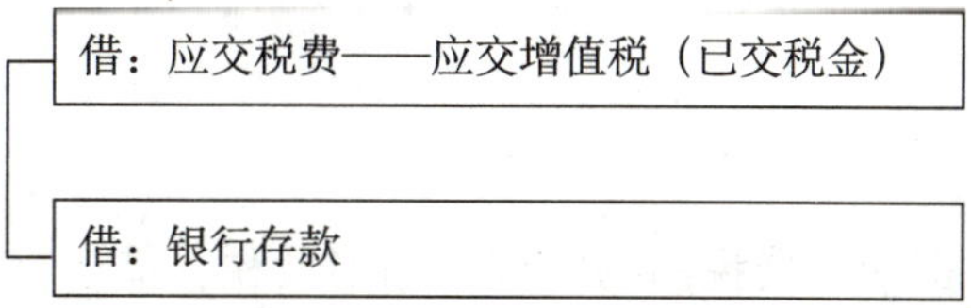

图 23 –5　交纳增值税的账务处理

▶ 案例解析

【例 23 –1】某小企业为增值税一般纳税人，2012 年 3 月购入一批原材料，价款为 123 000 元，增值税额为 20 910 元，材料已验收入库，款项尚未支付。4 月销售一批商品，取得 156 000 元的收入，销项税款为 26 520 元，款项已取得并存入银行。5 月收购一批农产品，实际支付价款 80 000 元，税率 13%，农产品已入库，款项通过银行支付。该小企业的会计处理如下。

(1)2012 年 3 月，购入原材料：

借：原材料	123 000	
应交税费——应交增值税(进项税额)	20 910	
贷：应付账款		143 910

(2)2012 年 4 月，销售商品：

借：银行存款	182 520	
贷：主营业务收入		156 000
应交税费——应交增值税(销项税额)		26 520

(3)2012 年 5 月，收购农产品：

借：原材料——农产品	80 000	
应交税费——应交增值税(进项税额)	10 400	
贷：银行存款		90 400

应交消费税的账务处理

▶ 业务概述

(1)销售需要交纳消费税的物资应交的消费税，借记“营业税金及附加”等科目，贷记“应交税费”(应交消费税)科目。

(2)以生产的产品用于在建工程、非生产机构等，按照税法规定应交纳的消费税，借记“在建工程”“管理费用”等科目，贷记“应交税费”(应交消费税)科目。

(3)随同商品出售但单独计价的包装物，按照税法规定应交纳的消费税，借记“营业税金及附加”科目，贷记“应交税费”(应交消费税)科目。出租、出借包装物逾期未收回没收的押金应交的消费税，借记“营业税金及附加”科目，贷记“应交税费”(应交消费税)科目。

(4)需要交纳消费税的委托加工物资，由受托方代收代缴税款(除受托加工或翻新改制金银首饰按照税法规定由受托方交纳消费税外)。小企业(受托方)按照应交税款金额，借记“应收账款”“银行存款”等科目，贷记“应交税费”(应交消费税)科目。

委托加工物资收回后，直接用于销售的，小企业(委托方)应将代收代缴的消费税计入委托加工物资的成本，借记“库存商品”等科目，贷记“应付账款”“银行存款”等科目；委托加工物资收回后用于连续生产，按照税法规定准予抵扣的，按照代收代缴的消费税，借记“应交税费”(应交消费税)科目，贷记“应付账款”“银行存款”等科目。

(5)有金银首饰零售业务的以及采用以旧换新方式销售金银首饰的小企业，在营业收入实现时，按照应交的消费税，借记“营业税金及附加”科目，贷记“应交税费”(应交消费税)科目。有金银首饰零售业务的小企业因受托代销金银首饰按照税法规定应交纳的消费税，借记“营业税金及附加”科目，贷记“应交税费”(应交消费税)科目；以其他方式代销金银首饰的，其交纳的消费税，借记“营业税金及附加”科目，贷记“应交税费”(应交消费税)科目。

有金银首饰批发、零售业务的小企业将金银首饰用于馈赠、赞助、广告、职工福利、奖励等方面的，应于物资移送时，按照应交的消费税，借记“营业外支出”“销售费用”“应付职工薪酬”等科目，贷记“应交税费”(应交消费税)科目。

随同金银首饰出售但单独计价的包装物，按照税法规定应交纳的消费税，借记“营业税金及附加”科目，贷记“应交税费”(应交消费税)科目。

小企业因受托加工或翻新改制金银首饰按照税法规定应交纳的消费税，于向委托方交货时，借记“营业税金及附加”科目，贷记“应交税费”(应交消费税)科目。

(6)需要交纳消费税的进口物资，其交纳的消费税应计入该项物资的成本，借记“材料采购”或“在途物资”“库存商品”“固定资产”等科目，贷记“银行存款”等科目。

(7)小企业(生产性)直接出口或通过外贸企业出口的物资，按照税法规定直接予以免征消费税的，可不计算应交消费税。

(8)交纳的消费税，借记“应交税费”(应交消费税)科目，贷记“银行存款”科目。

▶ 账务处理

(1)销售需要交纳消费税的物资应交消费税的账务处理如图 23－6 所示。

借："营业税金及附加"等科目

借：应交税费——应交消费税

图 23－6　应交消费税的账务处理

（2）以生产的产品用于在建工程、非生产机构等的应交消费税的账务处理如图 23－7 所示。

借："在建工程"等科目

贷：应交税费——应交消费税

图 23－7　生产的产品用于在建工程、非生产机构等的应交消费税的账务处理

（3）随同商品出售但单独计价的包装物的消费税及出租、出借包装物逾期未收回没收的押金应交消费税的账务处理如图 23－8 所示。

借：营业税金及附加

借：应交税费——应交消费税

图 23－8　单独计价的包装物的消费税及出租、出借包装物逾期未收回没收的押金应交消费税的账务处理

（4）委托加工物资消费税的账务处理如表 23－4 所示。

表 23－4　委托加工物资消费税的账务处理

消费税	账务处理
需要交纳消费税的委托加工物资，由受托方代收代缴税款	借："应收账款"等科目 　　贷：应交税费——应交消费税
委托加工物资收回后，直接用于销售的	借："库存商品"等科目 　　贷："应付账款"等科目 　注：小企业（委托方）应将代收代缴的消费税计入委托加工物资的成本
委托加工物资收回后用于连续生产	借：应交税费——应交消费税 　　贷："应付账款"等科目

(5)金银首饰消费税的账务处理如表23－5所示。

表23－5 金银首饰消费税的账务处理

<table>
<tr><th>消费税</th><th>账务处理</th></tr>
<tr><td>有金银首饰零售业务的以及采用以旧换新方式销售金银首饰的小企业实现营业收入时</td><td rowspan="3">借：营业税金及附加
贷：应交税费——应交消费税</td></tr>
<tr><td>有金银首饰零售业务的小企业受托代销金银首饰</td></tr>
<tr><td>以其他方式代销金银首饰的</td></tr>
<tr><td>将金银首饰用于馈赠、赞助、广告、职工福利、奖励等方面的，物资移动时确认</td><td>借："营业外支出"等科目
贷：应交税费——应交消费税</td></tr>
<tr><td>随同金银首饰出售但单独计价的包装物</td><td>借：营业税金及附加
贷：应交税费——应交消费税</td></tr>
<tr><td>受托加工或翻新改制金银首饰按照税法规定应交纳的消费税，向委托方交货时确认</td><td>借：营业税金及附加
贷：应交税费——应交消费税</td></tr>
</table>

(6)需要交纳消费税的进口物资的账务处理如图23－9所示。

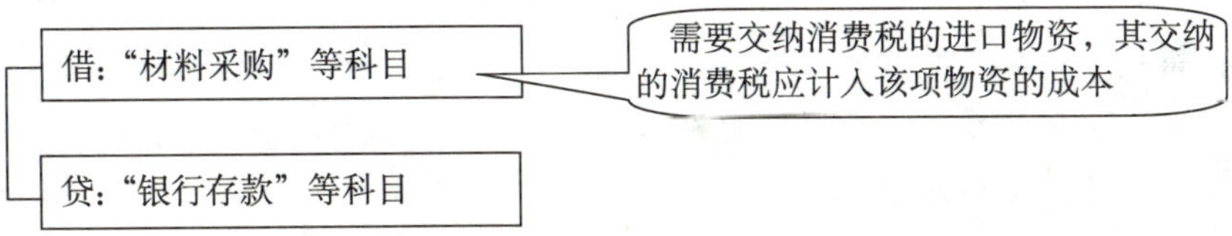

图23－9 需要交纳消费税的进口物资的账务处理

(7)交纳消费税的账务处理如图23－10所示。

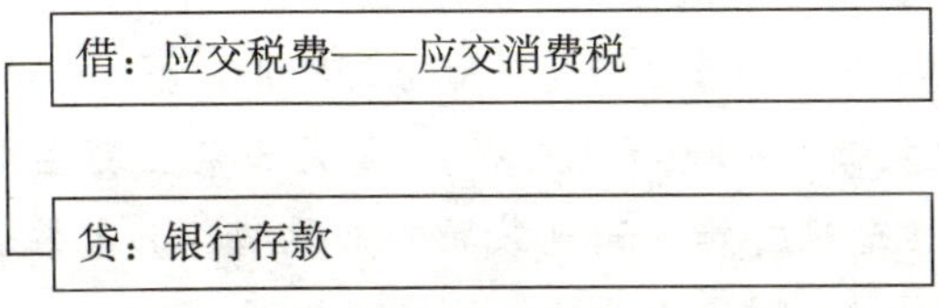

图23－10 交纳消费税的账务处理

▶ 案例解析

【例23-2】某小企业2012年5月销售应纳消费税的商品一批，增值税专用发票上记载的货款为240 000元，增值税额40 800元，消费税率为10%，该批商品的成本为180 000元，款项尚未收到。6月委托A企业加工一批材料，原材料价款为150 000元，加工费12 000元，受托方代收代缴的消费税1 800元，款项尚未支付，该批材料已加工完毕并验收入库，假设小企业委托加工收回的材料用于继续生产应税消费品。该小企业的会计处理如下。

(1)2012年5月，销售应纳消费税的商品：

借：应收账款	280 800	
贷：主营业务收入		240 000
应交税费——应交增值税(销项税额)		40 800
借：营业税金及附加	24 000	
贷：应交税费——应交消费税		24 000
借：主营业务成本	180 000	
贷：库存商品		180 000

(2)2012年6月委托加工材料：

借：委托加工物资	150 000	
贷：原材料		150 000
借：委托加工物资	12 000	
应交税费——应交消费税	1 800	
贷：应付账款		13 800
借：原材料	162 000	
贷：委托加工物资		162 000

【例23-3】某销售金银首饰的小企业，2013年1月采用以旧换新方式销售金银首饰，换出的金银首饰销售价为158 000元，收回的金银首饰作价76 000元，收回金额82 000元(含税)。2月出售金银首饰，含税价款为206 000元，销售金银首饰连同包装物一并销售，其包装物金额为64 000元，包装物单独计价。该小企业的会计处理如下。

(1)2013 年 1 月，以旧换新方式销售金银首饰。

以旧换新方式销售金银首饰应纳消费税税额 = 82 000 ÷ (1 + 17%) × 5% = 3 504. 27(元)；

以旧换新方式销售金银首饰的销售收入 = 82 000 ÷ (1 + 17%) + 76 000 = 146 085. 47(元)；

以旧换新方式销售金银首饰应纳增值税销项税额 = 82 000 ÷ (1 + 17%) × 17% = 11 914. 53(元)。

借：银行存款	82 000	
原材料	76 000	
贷：主营业务收入		146 085. 47
应交税费——应交增值税(销项税额)		11 914. 53
借：营业税金及附加	3 504. 27	
贷：应交税费——应交消费税		3 504. 27

(2)2013 年 2 月，出售金银首饰及包装物。

①出售金银首饰：

借：银行存款	206 000	
贷：主营业务收入		176 068. 38
应交税费——应交增值税(销项税额)		29 931. 62
借：营业税金及附加	8 803. 42	
贷：应交税费——应交消费税		8 803. 42

②随同销售包装物：

借：银行存款	64 000	
贷：其他业务收入		54 700. 85
应交税费——应交增值税(销项税额)		9 299. 15
借：营业税金及附加	2 735. 04	
贷：应交税费——应交消费税		2 735. 04

应交营业税的账务处理

▶ 业务概述

小企业按照营业额和税法规定的税率，计算应交纳的营业税，借记“营业税金及附加”等科目，贷记“应交税费”(应交营业税)科目。

出售原作为固定资产管理的不动产应交纳的营业税，借记“固定资产清理”等科目，贷记“应交税费”(应交营业税)科目。

交纳的营业税，借记“应交税费”(应交营业税)科目，贷记“银行存款”科目。

▶ 账务处理

营业税的账务处理如表23－6所示。

表23－6　营业税的账务处理

营业税	账务处理
计提应交纳的营业税	借：营业税金及附加 　　贷：应交税费——应交营业税
出售原作为固定资产管理的不动产应交纳的营业税	借：固定资产清理 　　贷：应交税费——应交营业税
交纳营业税时	借：应交税费——应交营业税 　　贷：银行存款

▶ 案例解析

【例 23 - 4】某小企业经营餐饮业务，2013 年 4 月发生的销售额为 3 800 000 元，按 5% 的税率交纳营业税，小企业于月底用银行存款上交营业税。该小企业的会计处理如下。

借：银行存款	3 800 000	
贷：主营业务收入		3 800 000
借：营业税金及附加	190 000	
贷：应交税费——应交营业税		190 000
借：应交税费——应交营业税	190 000	
贷：银行存款		190 000

应交城市维护建设税和教育费附加的账务处理

▶ 业务概述

小企业按照税法规定应交的城市维护建设税、教育费附加，借记“营业税金及附加”科目，贷记“应交税费”（应交城市维护建设税、应交教育费附加）科目。

交纳的城市维护建设税和教育费附加，借记“应交税费”（应交城市维护建设税、应交教育费附加）科目，贷记“银行存款”科目。

▶ 账务处理

（1）计提应交的城市维护建设税和教育费附加的账务处理如图 23 - 11 所示。

借：营业税金及附加

贷：应交税费——应交城市维护建设税
　　　　　　——应交教育费附加

图 23－11　计提应交的城市维护建设税和教育费附加的账务处理

（2）交纳城市维护建设税和教育费附加的账务处理如图 23－12 所示。

借：应交税费——应交城市维护建设税
　　　　　　——应交教育费附加

贷：银行存款

图 23－12　交纳城市维护建设税和教育费附加的账务处理

▶ 案例解析

【例 23－5】 某小企业 2013 年 2 月共应交纳增值税、消费税 3 200 000 元，于月底用银行存款支付。该小企业的会计处理如下。

应交纳的城市维护建设税 = 3 200 000 × 7% = 224 000（元）；

应交纳的教育费附加 = 3 200 000 × 3% = 96 000（元）。

借：营业税金及附加	320 000	
贷：应交税费——应交城市维护建设税		224 000
——应交教育费附加		96 000
借：应交税费——应交城市维护建设税	224 000	
——应交教育费附加	96 000	
贷：银行存款		320 000

应交企业所得税的账务处理

业务概述

小企业按照税法规定应交的企业所得税，借记“所得税费用”科目，贷记“应交税费”(应交企业所得税)科目。

交纳的企业所得税，借记“应交税费”(应交企业所得税)科目，贷记“银行存款”科目。

账务处理

(1)计提应交纳的企业所得税的账务处理如图 23－13 所示。

借：所得税费用

贷：应交税费——应交企业所得税

图 23－13 计提应交纳的企业所得税的账务处理

(2)交纳企业所得税的账务处理如图 23－14 所示。

借：应交税费——应交企业所得税

贷：银行存款

图 23－14 交纳企业所得税的账务处理

▶ 案例解析

【例 23－6】某小企业 2012 年 7 月应交纳 4 500 000 元的企业所得税，于月底用银行存款支付。该小企业的会计处理如下。

借：所得税费用	4 500 000	
贷：应交税费——应交企业所得税		4 500 000
借：应交税费——应交企业所得税	4 500 000	
贷：银行存款		4 500 000

应交资源税的账务处理

▶ 业务概述

（1）小企业销售商品按照税法规定应交纳的资源税，借记“营业税金及附加”科目，贷记“应交税费”（应交资源税）科目。

（2）自产自用的物资应交纳的资源税，借记“生产成本”科目，贷记“应交税费”（应交资源税）科目。

（3）收购未税矿产品，按照实际支付的价款，借记“材料采购”或“在途物资”等科目，贷记“银行存款”等科目，按照代扣代缴的资源税，借记“材料采购”或“在途物资”等科目，贷记“应交税费”（应交资源税）科目。

（4）外购液体盐加工固体盐：在购入液体盐时，按照税法规定所允许抵扣的资源税，借记“应交税费”（应交资源税）科目，按照购买价款减去允许抵扣的资源税后的金额，借记“材料采购”或“在途物资”“原材料”等科目，按照应支付的购买价款，贷记“银行存款”“应付账款”等科目；加工成固体盐后，在销售时，按照销售固体盐应交纳的资源税，借记“营业税金及附加”科目，贷记“应交税费”（应交资源税）科目；将销售固体盐应交资源税抵扣液体盐已交资源税后的差额上交时，借记“应交税费”（应交资源税）科目，贷记“银行存款”科目。

(5)交纳的资源税，借记“应交税费”(应交资源税)科目，贷记“银行存款”科目。

▶ 账务处理

资源税的账务处理如表23－7所示。

表23－7　资源税的账务处理

<table>
<tr><th>资源税</th><th colspan="2">账务处理</th></tr>
<tr><td>计提应交纳的资源税</td><td colspan="2">借：营业税金及附加
　　贷：应交税费——应交资源税</td></tr>
<tr><td>自产自用的物资应交纳的资源税</td><td colspan="2">借：生产成本
　　贷：应交税费——应交资源税</td></tr>
<tr><td>收购未税矿产品</td><td colspan="2">借：“材料采购”等科目(按照实际支付的价款)
　　贷：“银行存款”等科目
借：“材料采购”等科目(按照代扣代缴的资源税)
　　贷：应交税费——应交资源税</td></tr>
<tr><td rowspan="3">外购液体盐加工固体盐</td><td>购入液体盐时</td><td>借：应交税费——应交资源税
　　“材料采购”等科目(按照购买价款减去允许抵扣的资源税后的金额)
　　贷：“银行存款”等科目</td></tr>
<tr><td>加工成固体盐后销售</td><td>借：营业税金及附加
　　贷：应交税费——应交资源税</td></tr>
<tr><td>将销售固体盐应交资源税抵扣液体盐已交资源税后的差额上交时</td><td>借：应交税费——应交资源税
　　贷：银行存款</td></tr>
<tr><td>交纳的资源税</td><td colspan="2">借：应交税费——应交资源税
　　贷：银行存款</td></tr>
</table>

▶ 案例解析

【例23－7】 某小企业2012年7月2日购入500吨液体盐，价款为350 000元，已验收入库。20日将这批液体盐加工成200吨的固体盐，并销售了100吨固体盐，另将自产的固体盐100吨用于生产产品，液体盐每吨按5元交纳资源税，固体盐每吨按40元交纳资源税。该小企业的会计处理如下。

(1)2012年7月2日，购入液体盐。

借：应交税费——应交资源税　　2 500

　　原材料　　347 500

　　贷：银行存款　　350 000

(2)2012年7月20日。

①加工成固体盐后销售：

借：营业税金及附加　　4 000

　　贷：应交税费——应交资源税　　4 000

②上交资源税：

借：应交税费——应交资源税　　1 500

　　贷：银行存款　　1 500

(3)自产自用的固体盐交纳资源税。

借：生产成本　　4 000

　　贷：应交税费——应交资源税　　4 000

应交土地增值税的账务处理

▶ 业务概述

小企业转让土地使用权应交纳的土地增值税，土地使用权与地上建筑物及其附着物一并在“固定资产”科目核算的，借记“固定资产清理”科目，贷记

“应交税费”(应交土地增值税)科目。

土地使用权在“无形资产”科目核算的，按照实际收到的金额，借记“银行存款”科目，按照应交纳的土地增值税，贷记“应交税费”(应交土地增值税)科目，按照已计提的累计摊销，借记“累计摊销”科目，按照其成本，贷记“无形资产”科目，按照其差额，贷记“营业外收入——处置非流动资产净收益”科目或借记“营业外支出——处置非流动资产净损失”科目。

小企业(房地产开发经营)销售房地产应交纳的土地增值税，借记“营业税金及附加”科目，贷记“应交税费”(应交土地增值税)科目。

交纳的土地增值税，借记“应交税费”(应交土地增值税)科目，贷记“银行存款”科目。

▶ 账务处理

土地增值税的账务处理如表 23－8 所示。

表 23－8 土地增值税的账务处理

土地增值税	账务处理
转让土地使用权，土地使用权与地上建筑物及其附属物一并在“固定资产”核算的	借：固定资产清理 贷：应交税费——应交土地增值税
土地使用权在“无形资产”核算的	借：银行存款 累计摊销 营业外支出——处置非流动资产净损失(按照其差额，或贷记“营业外收入——处置非流动资产净收益”) 贷：应交税费——应交土地增值税 无形资产
小企业(房地产开发经营)销售房地产	借：营业税金及附加 贷：应交税费——应交土地增值税
交纳的土地增值税	借：应交税费——应交土地增值税 贷：银行存款

▶ 案例解析

【例23－8】某小企业出售土地使用权，收入为520 000元，款项存入银行。该土地使用权的账面价值为380 000元，已摊销100 000元，需交纳的土地增值税为57 200元。该小企业的会计处理如下。

借：银行存款　　520 000
　　累计摊销　　100 000
　　贷：无形资产　　380 000
　　　　应交税费——应交土地增值税　　57 200
　　　　营业外收入——处置非流动资产净收益　　182 800

应交城镇土地使用税、房产税、车船税、矿产资源补偿费、排污费的账务处理

▶ 业务概述

小企业按照规定应交纳的城镇土地使用税、房产税、车船税、矿产资源补偿费、排污费，借记“营业税金及附加”科目，贷记“应交税费”(应交城镇土地使用税、应交房产税、应交车船税、应交矿产资源补偿费、应交排污费)科目。

交纳的城镇土地使用税、房产税、车船税、矿产资源补偿费、排污费，借记“应交税费”(应交城镇土地使用税、应交房产税、应交车船税、应交矿产资源补偿费、应交排污费)科目，贷记“银行存款”科目。

▶ 账务处理

(1)计提应交纳税费的账务处理如图23－15所示。

借：营业税金及附加

贷：应交税费——应交城镇土地使用税
　　　　　　——应交房产税
　　　　　　——应交车船税
　　　　　　——应交矿产资源补偿费
　　　　　　——应交排污费

图 23－15　计提应交纳税费的账务处理

(2)交纳税费的账务处理如图 23－16 所示。

借：应交税费——应交城镇土地使用税
　　　　　　——应交房产税
　　　　　　——应交车船税
　　　　　　——应交矿产资源补偿费
　　　　　　——应交排污费

贷：银行存款

图 23－16　交纳税费的账务处理

▶ 案例解析

略。

应交个人所得税的账务处理

▶ 业务概述

小企业按照税法规定应代扣代缴的职工个人所得税，借记“应付职工薪酬”科目，贷记“应交税费”(应交个人所得税)科目。

交纳的个人所得税，借记“应交税费”(应交个人所得税)科目，贷记“银行存款”科目。

▶ 账务处理

(1)代扣代缴的职工个人所得税的账务处理如图23－17所示。

借：应付职工薪酬

贷：应交税费——应交个人所得税

图23－17　代扣代缴的职工个人所得税的账务处理

(2)交纳的个人所得税的账务处理如图23－18所示。

借：应交税费——应交个人所得税

贷：银行存款

图23－18　交纳的个人所得税的账务处理

▶ 案例解析

【例 23－9】某小企业 2013 年 3 月代扣代缴当月职工的个人所得税 67 000 元，于月底用银行存款交纳。该小企业的会计处理如下。

借：应付职工薪酬　　　　67 000

　　贷：应交税费——应交个人所得税　　　　67 000

借：应交税费——应交个人所得税　　　　67 000

　　贷：银行存款　　　　67 000

"先征后返"的账务处理

▶ 业务概述

小企业按照规定实行企业所得税、增值税、消费税、营业税等先征后返的，应当在实际收到返还的企业所得税、增值税（不含出口退税）、消费税、营业税等时，借记"银行存款"科目，贷记"营业外收入"科目。

▶ 账务处理

先征后返的账务处理如图 23－19 所示。

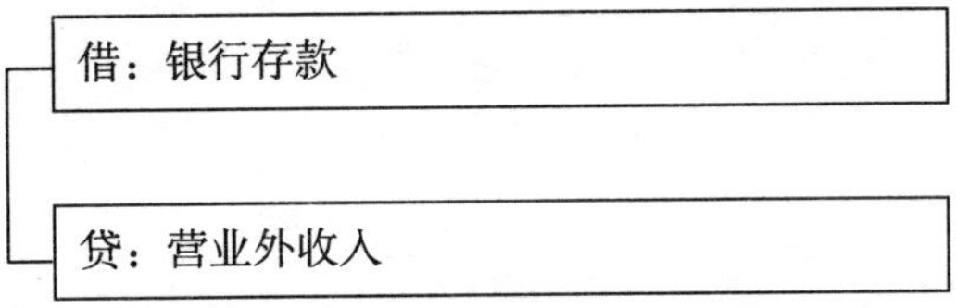

图 23－19　先征后返的账务处理

▶ 案例解析

【例 23－10】某小企业 2013 年 3 月收到返还的增值税和企业所得税共计 35 000 元。该小企业的会计处理如下。

借：银行存款　35 000

　　贷：营业外收入　35 000

第二十四章 应付利息的相关经济业务

确定利息费用

业务概述

在应付利息日，小企业应当按照合同利率计算确定的利息费用，借记“财务费用”“在建工程”等科目，贷记“应付利息”科目。

账务处理

确定利息费用的账务处理如图 24－1 所示。

借：“财务费用”等科目

贷：应付利息

图 24－1　确定利息费用的账务处理

案例解析

【例 24－1】某小企业 2012 年 9 月 1 日从银行借入 200 000 元，贷款年利率为 6%，9 月需支付贷款利息 1 000 元。该小企业的会计处理如下。

借：财务费用　　1 000

　　贷：应付利息　　1 000

支付利息费用

▶ 业务概述

小企业实际支付的利息，借记“应付利息”科目，贷记“银行存款”等科目。

▶ 账务处理

支付利息费用的账务处理如图 24－2 所示。

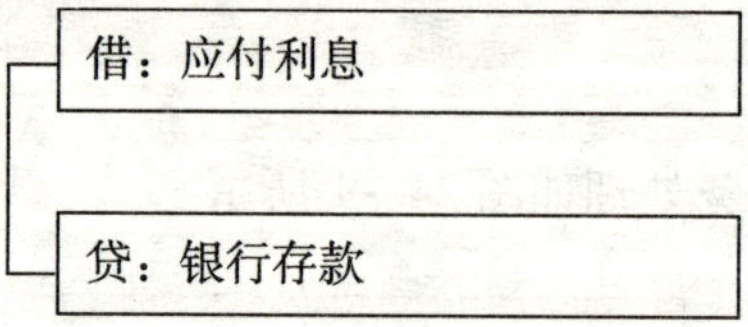

图 24－2　支付利息费用的账务处理

▶ 案例解析

【例 24－2】 承接 **【例 24－1】**，该小企业于 9 月底用银行存款支付利息费用。该小企业的会计处理如下。

借：应付利息	1 000	
贷：银行存款		1 000

第二十五章 应付利润的相关经济业务

确定应分配给投资者的利润

▶ 业务概述

小企业根据规定或协议确定的应分配给投资者的利润，借记“利润分配”科目，贷记“应付利润”科目。“应付利润”应按照投资者进行明细核算。

▶ 账务处理

确定应分配给投资者利润的账务处理如图 25－1 所示。

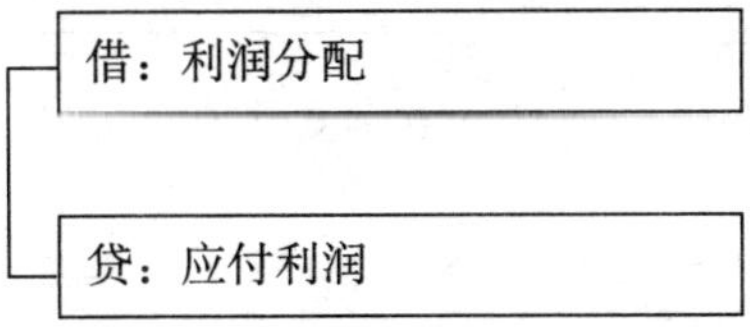

图 25－1　确定应分配给投资者利润的账务处理

▶ 案例解析

【例 25－1】某小企业 2012 年 12 月根据协议确定应付给 A 企业投资利润 150 000 元。该小企业的会计处理如下。

借：利润分配　　150 000

　　贷：应付利润——A 企业　　150 000

向投资者实际支付利润

▶ 业务概述

小企业向投资者实际支付利润，借记“应付利润”科目，贷记“库存现金”“银行存款”科目。

▶ 账务处理

向投资者实际支付利润的账务处理如图 25－2 所示。

借：应付利润

贷：“库存现金”等科目

图 25－2　向投资者实际支付利润的账务处理

▶ 案例解析

【例 25－2】承接【例 25－1】，该小企业于 2013 年 1 月用银行存款支付给 A 企业投资利润。该小企业的会计处理如下。

借：应付利润——A 企业　　150 000

　　贷：银行存款　　150 000

第二十六章　其他应付款的相关经济业务

发生的其他各种应付、暂收款项

业务概述

“其他应付款”核算小企业除应付账款、预收账款、应付职工薪酬、应交税费、应付利息、应付利润等以外的其他各项应付、暂收的款项，如应付租入固定资产和包装物的租金、存入保证金等。

小企业发生的其他各种应付、暂收款项，借记“管理费用”等科目，贷记“其他应付款”科目。

账务处理

发生其他各种应付、暂收款项的账务处理如图 26－1 所示。

借：“管理费用”等科目

贷：其他应付款

图 26－1　发生其他各种应付、暂收款项的账务处理

案例解析

【例 26－1】某小企业 2012 年 11 月 4 日租入一台生产用机器设备，应支付租金 12 000 元，款项尚未支付。该小企业的会计处理如下。

借：生产成本	12 000	
贷：其他应付款		12 000

支付其他各种应付、暂收款项

▶ 业务概述

小企业支付的其他各种应付、暂收款项，借记“其他应付款”科目，贷记“银行存款”等科目。

小企业无法支付的其他应付款，借记“其他应付款”科目，贷记“营业外收入”科目。

▶ 账务处理

(1)能够支付其他应付款项的账务处理如图 26－2 所示。

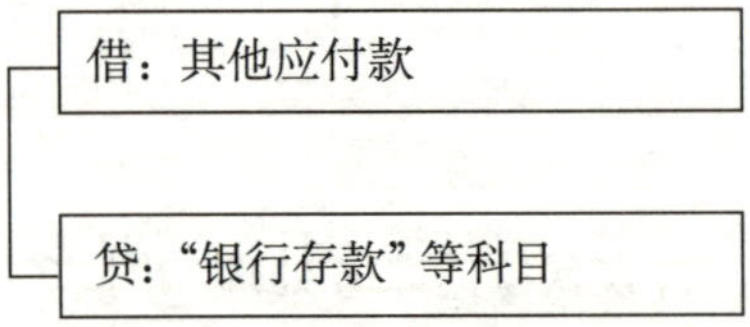

图 26－2　能够支付其他应付款项的账务处理

(2)无法支付其他应付款项的账务处理如图 26－3 所示。

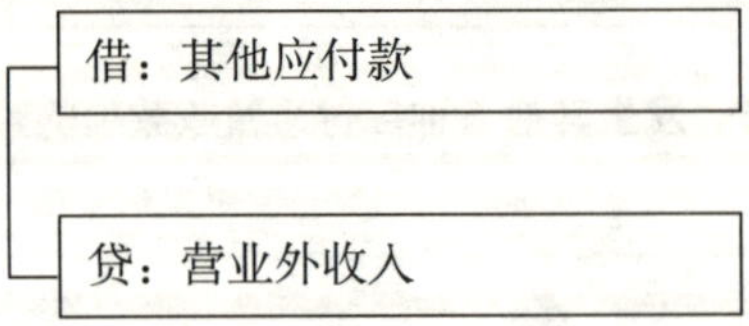

图 26－3　无法支付其他应付款项的账务处理

▶ 案例解析

【例 26－2】承接**【例 26－1】**，该小企业于 11 月 22 日用银行存款支付该租金。该小企业的会计处理如下。

借：其他应付款　　12 000

　　贷：银行存款　　12 000

第二十七章　递延收益的相关经济业务

收到与资产相关的政府补助

▶ 业务概述

“递延收益”核算小企业已经收到、应在以后期间计入损益的政府补助。

小企业收到与资产相关的政府补助，借记“银行存款”等科目，贷记“递延收益”科目。

在相关资产的使用寿命内平均分配递延收益，借记“递延收益”科目，贷记“营业外收入”科目。

▶ 账务处理

(1)收到与资产相关的政府补助的账务处理如图 27－1 所示。

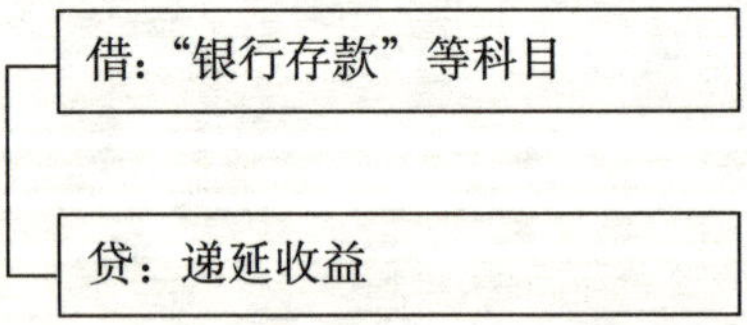

图 27－1　收到与资产相关的政府补助的账务处理

(2)在相关资产的使用寿命内平均分配递延收益的账务处理如图 27－2 所示。

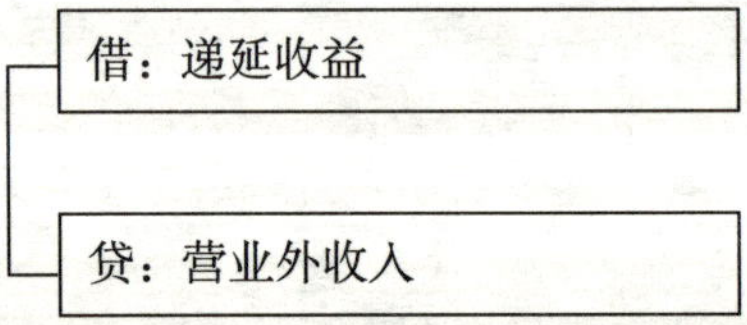

图 27－2　平均分配递延收益的账务处理

▶ 案例解析

【例 27－1】某小企业 2012 年 7 月 8 日建造一批节能工程，向银行贷款 2 000 000 元，期限 3 年，年利率 8%。当地政府按照贷款额 200 万元向该小企业提供年利率 5% 的财政贴息，共计 300 000 元。2012 年 7 月 15 日，收到财政贴息资金。2013 年 4 月 15 日工程完工，预计使用年限 10 年。该小企业的会计处理如下。

(1)2012 年 7 月 15 日收到财政贴息：

借：银行存款	300 000	
贷：递延收益		300 000

(2)2013 年 4 月 15 日工程完工，分配递延收益，自 2012 年 7 月 15 日到 2013 年 4 月 15 日，每月确定的政府补助为：

月政府补助 = 300 000 ÷ (10 × 12) = 2 500(元)。

借：递延收益	2 500	
贷：营业外收入		2 500

收到的其他政府补助

▶ 业务概述

小企业收到的其他政府补助，用于补偿本企业以后期间的相关费用或亏损的，应当按照收到的金额，借记“银行存款”等科目，贷记“递延收益”科目。在发生相关费用或亏损的未来期间，应当按照应补偿的金额，借记“递延收益”科目，贷记“营业外收入”科目。

用于补偿本企业已发生的相关费用或亏损的，应当按照收到的金额，借记“银行存款”等科目，贷记“营业外收入”科目。

▶ 账务处理

收到其他政府补助的账务处理如图 27 －1 所示。

表 27 －1　收到其他政府补助的账务处理

收到的其他政府补助	账务处理
用于补偿本企业以后期间的相关费用或亏损的	借：银行存款 　　贷：递延收益
在发生相关费用或亏损的未来期间	借：递延收益 　　贷：营业外收入
用于补偿本企业已发生的相关费用或亏损的	借："银行存款"等科目 　　贷：营业外收入

▶ 案例解析

【例 27 －2】某小企业 2013 年 2 月收到政府补助资金 80 000 元，用于补偿小企业以后期间发生的相关费用或亏损，小企业已收到该笔资金。该小企业的会计处理如下。

借：银行存款　　80 000

　　贷：递延收益　　80 000

第四篇

所有者权益的变动

第二十八章 资本增减的相关经济业务

接受投资

业务概述

“实收资本”科目核算小企业收到投资者按照合同协议约定或相关规定投入的、构成注册资本的部分。应特别注意的是：①小企业(股份有限公司)应当将“实收资本”科目的名称改为“股本”科目。②小企业收到投资者出资超过其在注册资本中所占份额的部分，作为资本溢价，在“资本公积”科目核算，不在“实收资本”核算。③小企业(中外合作经营)根据合同规定在合作期间归还投资者的投资，应在“实收资本”科目设置“已归还投资”明细科目进行核算。

小企业收到投资者的出资，借记“银行存款”“其他应收款”“固定资产”“无形资产”等科目，按照其在注册资本中所占的份额，贷记“实收资本”科目，按照其差额，贷记“资本公积”科目。

根据有关规定增加注册资本，借记“银行存款”“资本公积”“盈余公积”等科目，贷记“实收资本”科目。

根据有关规定减少注册资本，借记“实收资本”“资本公积”等科目，贷记“库存现金”“银行存款”等科目。

小企业(中外合作经营)根据合同规定在合作期间归还投资者的投资，应当按照实际归还投资的金额，借记“实收资本”(已归还投资)科目，贷记“银行存款”等科目；同时，借记“利润分配——利润归还投资”科目，贷记“盈余公积——利润归还投资”科目。

▶ 账务处理

实收资本的账务处理如表 28 -1 所示。

表 28 -1　实收资本的账务处理

实收资本	账务处理
收到投资者的出资	借:"银行存款"等科目 　　贷:实收资本(按照其在注册资本中所占的份额) 　　　　资本公积(按照其差额)
增加注册资本	借:"银行存款"等科目 　　贷:实收资本
减少注册资本	借:"实收资本"等科目 　　贷:"银行存款"等科目
小企业(中外合作经营)根据合同规定在合作期间归还投资者的投资	借:实收资本——已归还投资 　　贷:"银行存款"等科目 借:利润分配——利润归还投资 　　贷:盈余公积——利润归还投资

▶ 案例解析

【例 28 -1】某小企业收到 A 企业投入的固定资产,该固定资产作价 300 万元,小企业注册资本为 1 000 万元,占注册资本的 20%,该小企业的会计处理如下。

借:固定资产　　3 000 000

　　贷:实收资本　　2 000 000

　　　　资本公积　　1 000 000

资本公积转增资本

▶ 业务概述

“资本公积”科目核算小企业收到投资者出资超出其在注册资本中所占份额的部分。

小企业根据有关规定用资本公积转增资本，借记“资本公积”科目，贷记“实收资本”科目。

▶ 账务处理

资本公积转增资本的账务处理如图 28－1 所示。

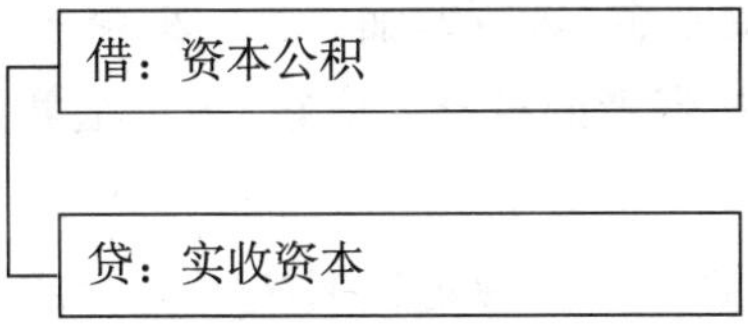

图 28－1　资本公积转增资本的账务处理

▶ 案例解析

【例 28－2】 某小企业为扩大经营规模，现将资本公积 300 000 元转增资本。该小企业的会计处理如下。

借：资本公积　　300 000

　　贷：实收资本　　300 000

第二十九章 盈余公积的相关经济业务

提取盈余公积

▶ 业务概述

“盈余公积”科目核算小企业(公司制)按照公司法规定在税后利润中提取的法定盈余公积和任意盈余公积。小企业(外商投资)按照法律规定在税后利润中提取储备基金和企业发展基金也在“盈余公积”核算。小企业应当分别“法定盈余公积”“任意盈余公积”进行明细核算。小企业(外商投资)还应当分别就“储备基金”“企业发展基金”进行明细核算。小企业(中外合作经营)根据合同规定在合作期间归还投资者的投资，应在“盈余公积”设置“利润归还投资”明细科目进行核算。

小企业(公司制)按照公司法规定提取法定盈余公积和任意盈余公积，借记“利润分配——提取法定盈余公积、提取任意盈余公积”科目，贷记“盈余公积”(法定盈余公积、任意盈余公积)科目。

小企业(外商投资)按照规定提取储备基金、企业发展基金、职工奖励及福利基金，借记“利润分配——提取储备基金、提取企业发展基金、提取职工奖励及福利基金”科目，贷记“盈余公积”(储备基金、企业发展基金)、“应付职工薪酬”科目。

▶ 账务处理

(1)提取法定盈余公积和任意盈余公积的账务处理如图29－1所示。

借：利润分配——提取法定盈余公积
　　　　　　——提取任意盈余公积

贷：盈余公积——法定盈余公积
　　　　　　——任意盈余公积

图29－1　提取法定盈余公积和任意盈余公积的账务处理

(2)提取储备基金、企业发展基金、职工奖励及福利基金的账务处理如图29－2所示。

借：利润分配——提取储备基金
　　　　　　——提取企业发展基金
　　　　　　——提取职工奖励及福利基金

贷：盈余公积——储备基金
　　　　　　——企业发展基金
　　应付职工薪酬

图29－2　提取储备基金、企业发展基金、职工奖励及福利基金的账务处理

▶ 案例解析

【例29－1】某小企业2012年实现税后利润8 000 000元，按10%的比例提取法定盈余公积，5%的比例提取任意盈余公积。同时，决定提取200 000元作为储备基金，300 000元作为职工奖励及福利基金。该小企业的会计处理如下。

(1)提取法定及任意盈余公积：

借：利润分配——提取法定盈余公积　　800 000
　　　　　　——提取任意盈余公积　　400 000
　贷：盈余公积——法定盈余公积　　800 000
　　　　　　　——任意盈余公积　　400 000

(2)提取储备基金、职工奖励及福利基金：

借：利润分配——提取储备基金　　200 000

　　　　　——提取职工奖励及福利基金　　300 000

　贷：盈余公积——储备基金　　200 000

　　　应付职工薪酬　　300 000

盈余公积弥补亏损或转增资本

▶ 业务概述

小企业用盈余公积弥补亏损或者转增资本，借记“盈余公积”科目，贷记“利润分配——盈余公积补亏”或“实收资本”科目。

▶ 账务处理

盈余公积弥补亏损或转增资本的账务处理如图 29－3 所示。

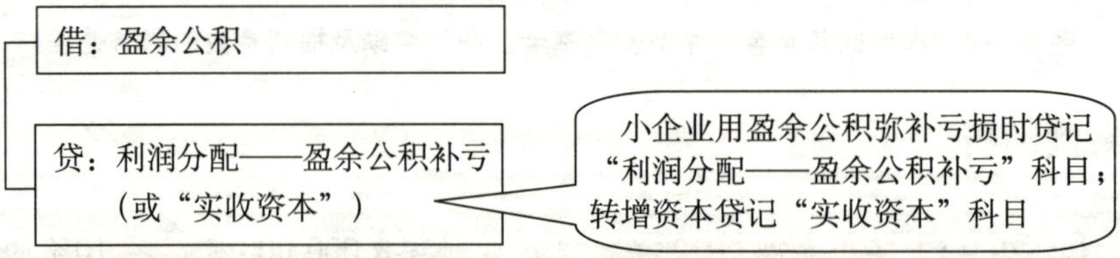

图 29－3　盈余公积弥补亏损或转增资本的账务处理

▶ 案例解析

【例 29－2】某小企业 2013 年决定将盈余公积 500 000 元转增资本。该小企业的会计处理如下。

借：盈余公积　　500 000

　贷：实收资本　　500 000

归还投资者投资

业务概述

小企业（中外合作经营）根据合同规定在合作期间归还投资者的投资，应当按照实际归还投资的金额，借记“实收资本——已归还投资”科目，贷记“银行存款”等科目；同时，借记“利润分配——利润归还投资”科目，贷记“盈余公积——利润归还投资”科目。

账务处理

归还投资者投资的账务处理如图 29－4 和图 29－5 所示。

借：实收资本——已归还投资

贷：“银行存款”等科目

图 29－4　归还投资者投资的账务处理 1

借：利润分配——利润归还投资

贷：盈余公积——利润归还投资

图 29－5　归还投资者投资的账务处理 2

▶ 案例解析

【例29-3】某小企业2013年归还A企业投资的金额350 000元，用银行存款支付。该小企业的会计处理如下。

借：实收资本——已归还投资　　350 000

　　贷：银行存款　　350 000

借：利润分配——利润归还投资　　350 000

　　贷：盈余公积——利润归还投资　　350 000

第五篇

收入、支出、成本、费用的计算

第三十章 成本类的相关经济业务

小企业发生的各项直接生产成本

▶ 业务概述

“生产成本”科目核算小企业进行工业性生产发生的各项生产成本。包括：生产各种产品(产成品、自制半成品等)、自制材料、自制工具、自制设备等。应按照基本生产成本和辅助生产成本进行明细核算。

小企业对外提供劳务发生的成本，可将“生产成本”改为“劳务成本”科目，或单独设置“劳务成本”科目进行核算。

小企业发生的各项直接生产成本，借记“生产成本”(基本生产成本、辅助生产成本)科目，贷记“原材料”“库存现金”“银行存款”“应付职工薪酬”等科目。

各生产车间应负担的制造费用，借记“生产成本”(基本生产成本、辅助生产成本)科目，贷记“制造费用”科目。

▶ 账务处理

(1)小企业发生的各项直接生产成本的账务处理如图 30－1 所示。

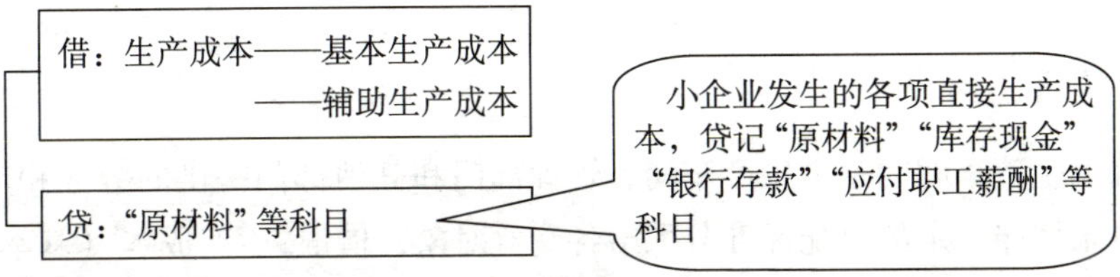

图 30－1 小企业发生的各项直接生产成本的账务处理

(2)各生产车间应负担的制造费用的账务处理如图 30－2 所示。

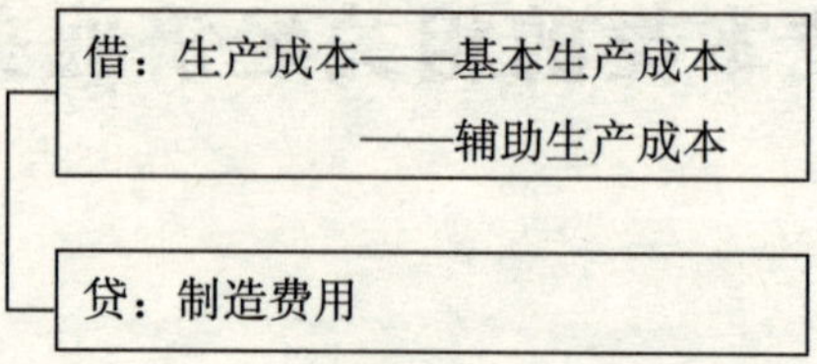

图 30－2　各生产车间应负担的制造费用的账务处理

▶ 案例解析

【例 30－1】2013 年 1 月，某小企业的生产车间为生产 X 产品耗用原材料总额为 82 000 元，辅助生产车间共耗用原材料总额为 27 000 元，基本生产车间应负担的制造费用为 2 400 元。该小企业的会计处理如下。

(1)借：生产成本——基本生产成本	82 000	
——辅助生产成本	27 000	
贷：原材料		109 000
(2)借：生产成本——基本生产成本	2 400	
贷：制造费用		2 400

小企业内部之间提供劳务或产品

▶ 业务概述

辅助生产车间为基本生产车间、管理部门和其他部门提供的劳务和产品，可在月末按照一定的分配标准分配给各受益对象，借记“生产成本”(基本生产成本)“销售费用”“管理费用”“其他业务成本”“在建工程”等科目，贷记“生产成本”(辅助生产成本)科目；也可在提供相关劳务和产品时，借记“生产成本”“销售费用”“管理费用”“其他业务成本”“在建工程”等科目，贷记“原材料”“库存现金”“银行存款”“应付职工薪酬”等科目。

▶ 账务处理

(1)辅助车间为其他部门提供劳务或产品的账务处理如图 30－3 所示。

借：生产成本——基本生产成本
　　销售费用
　　管理费用
　　其他业务成本

贷：生产成本——辅助生产成本

图 30－3　辅助车间为其他部门提供劳务或产品的账务处理

(2)提供相关劳务和产品的账务处理如图 30－4 所示。

借：生产成本
　　销售费用
　　管理费用
　　其他业务成本

贷：“原材料”等科日

图 30－4　提供相关劳务和产品的账务处理

▶ 案例解析

【例 30－2】某小企业为生产一批产品，其辅助车间提供给生产车间 50 000 元的原材料，提供给管理部门的劳务费为 6 000 元，提供给销售部门的劳务费为 4 800 元。该小企业的会计处理如下。

借：生产成本——基本生产成本	50 000
管理费用	6 000
销售费用	4 800
贷：生产成本——辅助生产成本	60 800

产品完工入库

▶ 业务概述

小企业已经生产完成并已验收入库的产成品以及入库的自制半成品，可在月末，借记“库存商品”等科目，贷记“生产成本”(基本生产成本)科目。

▶ 账务处理

产品完工入库的账务处理如图30－5所示。

借：“库存商品”等科目

贷：生产成本——基本生产成本

图30－5　产品完工入库的账务处理

▶ 案例解析

【例30－3】某小企业2012年5月生产的产成品共50件已验收入库，每件成本800元。该小企业的会计处理如下。

借：库存商品　　40 000

　　贷：生产成本——基本生产成本　　40 000

小企业发生的各项间接费用

▶ 业务概述

“制造费用”科目核算小企业生产车间(部门)为生产产品和提供劳务而发生的各项间接费用。小企业经过1年期以上的制造才能达到预定可销售状态的产品发生的借款费用，也在“制造费用”科目核算。

生产车间发生的机物料消耗和固定资产修理费，借记“制造费用”科目，贷记“原材料”“银行存款”等科目。

发生的生产车间管理人员的工资等职工薪酬，借记“制造费用”科目，贷记“应付职工薪酬”科目。

生产车间计提的固定资产折旧费，借记“制造费用”科目，贷记“累计折旧”科目。

生产车间支付的办公费、水电费等，借记“制造费用”科目，贷记“银行存款”“应付利息”等科目。

发生季节性和修理期间的停工损失，借记“制造费用”科目，贷记“原材料”“应付职工薪酬”“银行存款”等科目。

小企业经过1年期以上的制造才能达到预定可销售状态的产品在制造完成之前发生的借款利息，在应付利息日根据借款合同利率计算确定的利息费用，借记“制造费用”科目，贷记“应付利息”科目。制造完成之后发生的利息费用，借记“财务费用”科目，贷记“应付利息”科目。

▶ 账务处理

制造费用的账务处理如表 30－1 所示。

表 30－1　制造费用的账务处理

<table>
<tr><th>制造费用</th><th colspan="2">账务处理</th></tr>
<tr><td>生产车间发生的机物料消耗和固定资产修理费</td><td colspan="2">借：制造费用
　　贷："原材料"等科目</td></tr>
<tr><td>发生的生产车间管理人员的工资等职工薪酬</td><td colspan="2">借：制造费用
　　贷：应付职工薪酬</td></tr>
<tr><td>生产车间计提的固定资产折旧费</td><td colspan="2">借：制造费用
　　贷：累计折旧</td></tr>
<tr><td>生产车间支付的办公费、水电费等</td><td colspan="2">借：制造费用
　　贷："银行存款""应付利息"等科目</td></tr>
<tr><td>发生季节性和修理期间的停工损失</td><td colspan="2">借：制造费用
　　贷："原材料""应付职工薪酬"等科目</td></tr>
<tr><td rowspan="2">发生的借款利息费用</td><td>经过 1 年期以上的制造才能达到预定可销售状态的产品在制造完成之前发生的借款利息</td><td>借：制造费用
　　贷：应付利息</td></tr>
<tr><td>制造完成之后发生的利息费用</td><td>借：财务费用
　　贷：应付利息</td></tr>
</table>

▶ 案例解析

【例 30－4】6 月份，某小企业生产车间共发生费用如下：消耗原材料 70 000 元，管理人员工资 65 000 元，计提固定资产折旧费 5 000 元，办公费及水电费共 4 500 元，在制造完成前发生借款利息 3 500 元。该小企业的会计处理如下。

借：制造费用	148 000	
贷：原材料		70 000
应付职工薪酬		65 000
累计折旧		5 000
应付利息		3 500
银行存款		4 500

制造费用分配计入有关成本核算对象

▶ 业务概述

小企业将制造费用分配计入有关的成本核算对象，借记“生产成本——基本生产成本、辅助生产成本”等科目，贷记“制造费用”科目。

▶ 账务处理

分配制造费用的账务处理如图 30－6 所示。

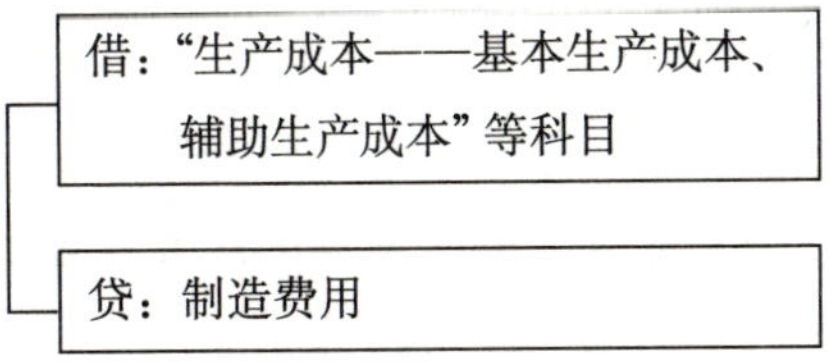

图 30－6　分配制造费用的账务处理

▶ 案例解析

【例30－5】某小企业2013年4月共发生制造费用58 000元，属于基本生产车间承担的费用为32 000元，辅助生产车间应承担的费用为26 000元。该小企业的会计处理如下。

借：生产成本——基本生产成本	32 000	
——辅助生产成本	26 000	
贷：制造费用		58 000

制造费用实际发生额与分配额的差额

▶ 业务概述

季节性生产小企业制造费用全年实际发生额与分配额的差额，除其中属于为下一年开工生产作准备的可留待下一年分配外，其余部分实际发生额大于分配额的差额，借记“生产成本——基本生产成本”科目，贷记“制造费用”科目；实际发生额小于分配额的差额，作相反的会计分录。

▶ 账务处理

制造费用实际发生额大于分配额的差额的账务处理如图30－7所示。

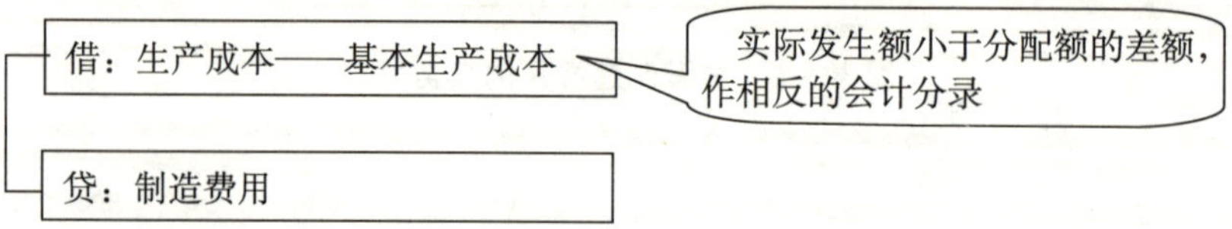

图30－7 制造费用实际发生额大于分配额的差额的账务处理

案例解析

【例 30－6】某小企业 2012 年全年制造费用实际发生额为 1 350 000 元，本年年初时的计划分配额为 1 200 000 元。该小企业的会计处理如下。

借：生产成本——基本生产成本　　150 000

　　贷：制造费用　　150 000

进行合同建造时发生的费用

业务概述

“工程施工”科目核算小企业(建筑业)实际发生的各种工程成本。应按照建造合同项目分别就“合同成本”和“间接费用”进行明细核算。

小企业进行合同建造时发生的人工费、材料费、机械使用费以及施工现场材料的二次搬运费、生产工具和用具使用费、检验试验费、临时设施折旧费等其他直接费用，借记“工程施工”(合同成本)科目，贷记“应付职工薪酬”“原材料”等科目。

发生的施工、生产单位管理人员职工薪酬、财产保险费、工程保修费、固定资产折旧费等间接费用，借记“工程施工”(间接费用)科目，贷记“累计折旧”“银行存款”等科目。

期(月)末，将间接费用分配计入有关合同成本，借记“工程施工”(合同成本)科目，贷记“工程施工”(间接费用)科目。

账务处理

工程施工的账务处理如表 30－2 所示。

表30－2 工程施工的账务处理

工程施工	账务处理
小企业进行合同建造时发生的直接费用	借：工程施工——合同成本 贷："应付职工薪酬"等科目
发生的间接费用	借：工程施工——间接费用 贷："银行存款"等科目
期末将间接费用分配计入合同成本	借：工程施工——合同成本 贷：工程施工——间接费用

▶ 案例解析

【例30－7】某小企业2013年2月承建一厂房工程，当月耗用材料成本572 000元，应付工程施工人员工资265 000元，应付施工单位管理人员工资124 000元。该小企业的会计处理如下。

借：工程施工——合同成本　837 000
　　　　　　——间接费用　124 000
　贷：应付职工薪酬　389 000
　　　原材料　572 000
借：工程施工——合同成本　124 000
　贷：工程施工——间接费用　124 000

确认合同收入和合同费用

▶ 业务概述

小企业确认合同收入和合同费用时，借记"应收账款""预收账款"等科目，贷记"主营业务收入"科目；按照应结转的合同成本，借记"主营业务成本”科目，贷记“工程施工”（合同成本）科目。

▶ 账务处理

（1）确认合同收入和合同费用时的账务处理如图 30－8 所示。

借：“应收账款”等科目

贷：主营业务收入

图 30－8　确认合同收入和合同费用的账务处理

（2）结转合同成本的账务处理如图 30－9 所示。

借：主营业务成本

贷：工程施工——合同成本

图 30－9　结转合同成本的账务处理

▶ 案例解析

【例 30－8】承接**【例 30－7】**，该小企业 5 月确认厂房工程合同收入和费用，收到 1 205 000 元，共发生费用 961 000 元。该小企业的会计处理如下。

借：银行存款	1 205 000	
贷：主营业务收入		1 205 000
借：主营业成本	961 000	
贷：工程施工——合同成本		961 000

小企业发生机械作业支出

▶ 业务概述

“机械作业”科目核算小企业(建筑业)及其内部独立核算的施工单位、机械站和运输队使用自有施工机械和运输设备进行机械作业(含机械化施工和运输作业等)所发生的各项费用。应按照施工机械或运输设备的种类等进行明细核算。

小企业及其内部独立核算的施工单位，从外单位或本企业其他内部独立核算的机械站租入施工机械发生的机械租赁费，在“工程施工”科目核算，不在“机械作业”核算。

小企业发生的机械作业支出，借记“机械作业”科目，贷记“原材料”“应付职工薪酬”“累计折旧”等科目。

▶ 账务处理

发生机械作业支出的账务处理如图 30－10 所示。

借：机械作业

贷：“原材料”等科目

图 30－10　发生机械作出支出的账务处理

▶ 案例解析

【例 30－9】某建筑业小企业 2013 年 2 月计提自有的一台混凝土搅拌机折旧费 3 000 元，计提施工工人工资 45 000 元。该小企业的会计处理如下。

借：机械作业　　48 000

　　贷：累计折旧　　3 000

　　　　应付职工薪酬　　45 000

期末机械作业转入承包工程成本

▶ 业务概述

期(月)末，小企业及其内部独立核算的施工单位、机械站和运输队为本企业承包的工程进行机械化施工和运输作业的成本，应转入承包工程的成本，借记“工程施工”科目，贷记“机械作业”科目。

对外单位、专项工程等提供机械作业(含运输设备)的成本，借记“生产成本(或劳务成本)”科目，贷记“机械作业”科目。

▶ 账务处理

(1)期末机械作业转入承包工程的成本的账务处理如图 30－11 所示。

借：工程施工

贷：机械作业

图 30－11　期末机械作业转入承包工程的成本的账务处理

(2)对外提供机械作业的成本的账务处理如图 30－12 所示。

借：生产成本（或“劳务成本”）

贷：机械作业

图 30－12　对外提供机械作业的成本的账务处理

▶ 案例解析

【例 30－10】某小企业承建厂房工程，2013 年 4 月机械使用费发生情况如下：自有混凝土搅拌机一台，当月发生机械作业费用 52 000 元。自有载重汽车 2 台，当月共发生机械作业费用 48 000 元。月末，将机械使用费转入工程成本。该小企业的会计处理如下。

借：工程施工	100 000	
贷：机械作业——混凝土搅拌机		52 000
——载重汽车		48 000

第三十一章 收入类的相关经济业务

销售商品或提供劳务实现的收入

▶ 业务概述

“主营业务收入”科目核算小企业确认的销售商品或提供劳务等主营业务的收入。

小企业销售商品或提供劳务实现的收入，应当按照实际收到或应收的金额，借记“银行存款”“应收账款”等科目，按照税法规定应交纳的增值税额，贷记“应交税费——应交增值税（销项税额）”科目，按照确认的销售商品收入，贷记“主营业务收入”科目。

▶ 账务处理

销售商品或提供劳务实现收入的账务处理如图 31－1 所示。

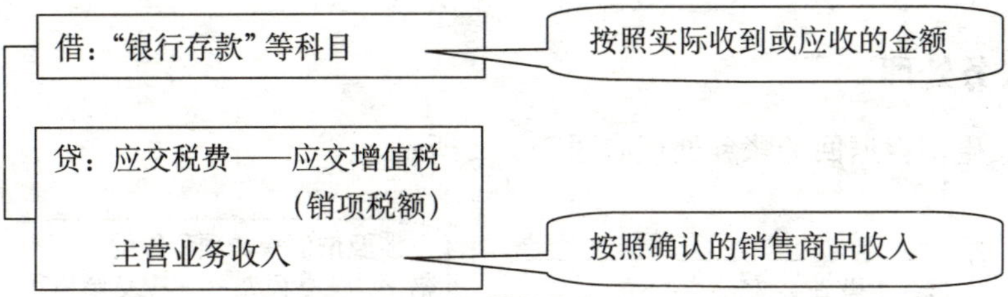

图 31－1　销售商品或提供劳务实现收入的账务处理

▶ 案例解析

【例 31－1】某小企业 2013 年 2 月 12 日向 A 企业销售一批商品，增值税专用发票上记载的金额为 320 000 元，增值税额 54 400 元。款项尚未收到。该小企业的会计处理如下。

借：应收账款　　374 400

　　贷：应交税费——应交增值税(销项税额)　　54 400

　　　　主营业务收入　　320 000

发生销售退回

▶ 业务概述

小企业发生销货退回，不论属于本年度还是属于以前年度的销售，都按照应冲减销售商品收入的金额，借记“主营业务收入”科目，按照实际支付或应退还的金额，贷记“银行存款”“应收账款”等科目。涉及增值税销项税额的，还应进行相应的账务处理。

▶ 账务处理

发生销售退回的账务处理如图 31－2 所示。

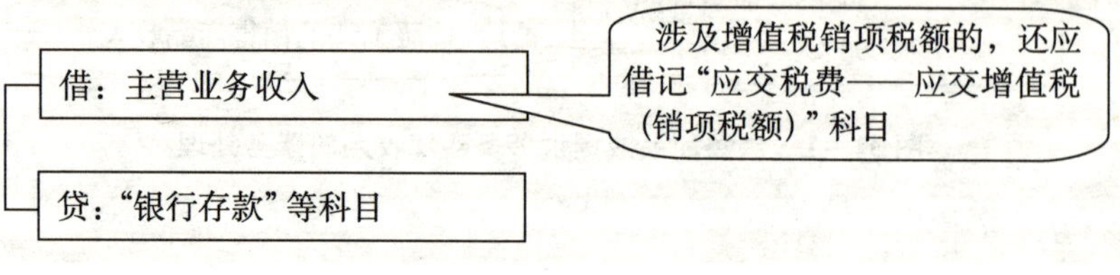

图 31－2　发生销售退回的账务处理

案例解析

【例 31－2】承接【例 31－1】，2013 年 2 月 20 日，A 企业收到商品后，发现存在质量问题，要求退货，退回的商品价款为 134 000 元。该小企业的会计处理如下。

借：主营业务收入　　134 000

　　应交税费——应交增值税（销项税额）　　22 780

　　贷：应收账款　　156 780

其他业务收入的确认

业务概述

“其他业务收入”科目核算小企业确认的除主营业务活动以外的其他日常生产经营活动实现的收入。包括：出租固定资产、出租无形资产、销售材料等实现的收入。

小企业确认的其他业务收入，借记“银行存款”“其他应收款”等科目，贷记“其他业务收入”科目。涉及增值税销项税额的，还应进行相应的账务处理。

账务处理

确认其他业务收入的账务处理如图 31－3 所示。

借：“银行存款”等科目

贷：其他业务收入

　　应交税费——应交增值税（销项税额）

图 31－3　确认其他业务收入的账务处理

▶ 案例解析

【例 31－3】某小企业 2013 年 4 月 3 日销售给 A 企业一批原材料，增值税专用发票记载的材料价款为 105 000 元，销项税额 17 850 元。A 企业开出商业承兑汇票给小企业。该小企业的会计处理如下。

借：应收票据——A 企业　　122 850
　　贷：其他业务收入　　105 000
　　　　应交税费——应交增值税（销项税额）　　17 850

投资收益或投资损失的确认

▶ 业务概述

“投资收益”科目核算小企业确认的投资收益或投资损失。

对于短期股票投资、短期基金投资和长期股权投资，小企业应当按照被投资单位宣告分派的现金股利或利润中属于本企业的部分，借记“应收股利”科目，贷记“投资收益”科目。

在长期债券投资或短期债券投资持有期间，在债务人应付利息日，按照分期付息、一次还本的长期债券投资或短期债券投资的票面利率计算的利息收入，借记“应收利息”科目，贷记“投资收益”科目；按照一次还本付息的长期债券投资票面利率计算的利息收入，借记“长期债券投资——应计利息”科目，贷记“投资收益”科目。

在债务人应付利息日，按照应分摊的债券溢折价金额，借记或贷记“投资收益”科目，贷记或借记“长期债券投资——溢折价”科目。

出售短期投资、处置长期股权投资和长期债券投资，应当按照实际收到的价款或收回的金额，借记“银行存款”或“库存现金”科目，按照其账面余额，贷记“短期投资”“长期股权投资”“长期债券投资”科目，按照尚未领取的现金股利或利润、债券利息收入，贷记“应收股利”“应收利息”科目，按照其差额，贷记或借记“投资收益”科目。

▶ 账务处理

投资收益的账务处理如表 31－1 所示。

表 31－1　投资收益的账务处理

<table>
<tr><th>投资收益</th><th colspan="2">账务处理</th></tr>
<tr><td>被投资单位宣告分派的现金股利或利润中属于本企业的部分</td><td colspan="2">借：应收股利
　　贷：投资收益</td></tr>
<tr><td rowspan="2">在长期债券投资或短期债券投资持有期间</td><td>分期付息、一次还本</td><td>借：应收利息
　　贷：投资收益</td></tr>
<tr><td>一次还本付息</td><td>借：长期债券投资——应计利息
　　贷：投资收益</td></tr>
<tr><td>在债务人应付利息日</td><td colspan="2">借：投资收益（或贷记）
　　贷：长期债券投资——溢折价（或借记）</td></tr>
<tr><td>出售短期投资、处置长期股权投资和长期债券投资</td><td colspan="2">借：“银行存款”等科目
　　贷：“短期投资”等科目
　　　　应收股利(或“应收利息”)
　　　　投资收益(或借记)</td></tr>
</table>

▶ 案例解析

【例 31－4】某小企业 2013 年 2 月购入 A 企业发行的短期债券 200 000 元，按年付息，债券包括已到付息期但尚未领取的债券利息 3 000 元。3 月收到 2012 年债券利息 3 000 元。4 月将债券出售，收到价款 208 000 元。该小企业的会计处理如下。

(1)2013 年 2 月，购入短期债券：

借：短期投资——A 企业债券　　197 000

　　应收利息　　3 000

　　贷：银行存款　　200 000

(2)2013 年 3 月，收到债券利息：

借：银行存款 3 000

　　贷：应收利息 3 000

(3)2013 年 4 月，出售债券利息：

借：银行存款 208 000

　　贷：短期投资——A 企业债券 197 000

　　　　投资收益 11 000

实现的各项营业外收入

▶ 业务概述

“营业外收入”科目核算小企业实现的各项营业外收入。包括：处置非流动资产净收益、政府补助、捐赠收益、盘盈收益、汇兑收益、出租包装物和商品的租金收入、逾期未退包装物押金收益、确实无法偿付的应付款项、已作坏账损失处理后又收回的应收款项、违约金收益等。小企业收到出口产品或商品按照规定退回的增值税款，在“其他应收款”科目核算，不在“营业外收入”核算。

小企业确认处置非流动资产净收益，比照“固定资产清理”“无形资产”等科目的相关规定进行账务处理。

确认的政府补助收入，借记“银行存款”或“递延收益”科目，贷记“营业外收入”科目。

小企业按照规定实行企业所得税、增值税(不含出口退税)、消费税、营业税等先征后返的，应当在实际收到返还的企业所得税、增值税、消费税、营业税等时，借记“银行存款”科目，贷记“营业外收入”科目。

确认的捐赠收益，借记“银行存款”“固定资产”等科目，贷记“营业外收入”科目。

确认的盘盈收益，借记“待处理财产损溢——待处理流动资产损溢、待处理非流动资产损溢”科目，贷记“营业外收入”科目。

确认的汇兑收益，借记有关科目，贷记“营业外收入”科目。

确认的出租包装物和商品的租金收入、逾期未退包装物押金收益、确实无法偿付的应付款项、违约金收益等，借记“其他应收款”“应付账款”“其他应付款”等科目，贷记“营业外收入”科目。

确认的已作坏账损失处理后又收回的应收款项，借记“银行存款”等科目，贷记“营业外收入”科目。

▶ 账务处理

营业外收入的账务处理如表 31 -2 所示。

表 31 -2　营业外收入的账务处理

营业外收入	账务处理
确认的政府补助收入	借：银行存款(或“递延收益”) 　　贷：营业外收入
收到返还的企业所得税、增值税、消费税、营业税等	借：银行存款 　　贷：营业外收入
确认的捐赠收益	借：“银行存款”等科目 　　贷：营业外收入
确认的盘盈收益	借：待处理财产损溢——待处理流动资产损溢 　　(待处理非流动资产损溢) 　　贷：营业外收入
确认的汇兑收益	借：“银行存款”等科目 　　贷：营业外收入
确认的出租包装物和商品的租金收入、逾期未退包装物押金收益、确实无法偿付的应付款项、违约金收益等	借：“其他应收款”等科目 　　贷：营业外收入
确认的已作坏账损失处理后又收回的应收款项	借：“银行存款”等科目 　　贷：营业外收入

▶ 案例解析

【例31－5】某小企业2012年4月收到A企业捐赠的一台机器设备，价值200 000元。5月确认盘盈材料34 000元。6月确认出租包装物的租金5 000元。该小企业的会计处理如下。

(1)2012年4月，接受捐赠：

借：固定资产　　200 000

　　贷：营业外收入　　200 000

(2)2012年5月，确认盘盈收益：

借：待处理财产损溢——待处理流动资产损溢　　34 000

　　贷：营业外收入　　34 000

(3)2012年6月，确认包装物租金：

借：其他应收款　　5 000

　　贷：营业外收入　　5 000

第三十二章 结转成本的相关经济业务

月末计算应结转的主营业务成本

▶ 业务概述

“主营业务成本”科目核算小企业确认销售商品或提供劳务等主营业务收入应结转的成本。

月末，小企业可根据本月销售各种商品或提供各种劳务实际成本，计算应结转的主营业务成本，借记“主营业务成本”科目，贷记“库存商品”“生产成本”“工程施工”等科目。

▶ 账务处理

结转主要业务成本的账务处理如图 32 –1 所示。

借：主营业务成本

贷：“库存商品” 等科目

图 32 –1　结转主要业务成本的账务处理

▶ 案例解析

【例 32 –1】某小企业 2013 年 3 月销售给 A 企业一批商品，成本为 300 000 元，结转成本。该小企业的会计处理如下。

借：主营业务成本　　300 000

　　贷：库存商品　　300 000

发生销售退回

▶ 业务概述

本月发生的销售退回，可以直接从本月的销售数量中减去，得出本月销售的净数量，然后计算应结转的主营业务成本，也可以单独计算本月销售退回成本，借记“库存商品”等科目，贷记“主营业务成本”科目。

▶ 账务处理

发生销售退回的主营业务成本的账务处理如图 32－2 所示。

借：“库存商品”等科目

贷：主营业务成本

图 32－2　发生销售退回的主营业务成本的账务处理

▶ 案例解析

【例 32－2】承接**【例 32－1】**，2013 年 4 月 2 日，A 企业退回部分有质量问题的商品，该批退回的商品成本为 120 000 元。该小企业的会计处理如下。

借：库存商品	120 000	
贷：主营业务成本		120 000

发生其他业务成本

▶ 业务概述

“其他业务成本”科目核算小企业确认的除主营业务活动以外的其他日常生产经营活动所发生的支出。包括：销售材料的成本、出租固定资产的折旧费、出租无形资产的摊销额等。

小企业发生的其他业务成本，借记“其他业务成本”科目，贷记“原材料”“周转材料”“累计折旧”“累计摊销”“银行存款”等科目。

▶ 账务处理

发生其他业务成本的账务处理如图 32－3 所示。

借：其他业务成本

贷：“原材料”等科目

图 32－3　发生其他业务成本的账务处理

▶ 案例解析

【例 32－3】某小企业 2013 年 3 月出租一台机器设备，价值 360 000 元，可使用 10 年，直线法计提折旧，预计净残值为零。当月计提出租机器设备的折旧费。该小企业的会计处理如下。

借：其他业务成本　　36 000

　　贷：累计折旧　　36 000

第三十三章 费用类的相关经济业务

销售商品或提供劳务时发生的费用

▶ 业务概述

“销售费用”科目核算小企业在销售商品或提供劳务过程中发生的各种费用。包括：销售人员的职工薪酬、商品维修费、运输费、装卸费、包装费、保险费、广告费和业务宣传费、展览费等费用。小企业（批发业、零售业）在购买商品过程中发生的费用（包括：运输费、装卸费、包装费、保险费、运输途中的合理损耗和入库前的挑选整理费等），也在“销售费用”科目核算。

小企业在销售商品或提供劳务过程中发生的销售人员的职工薪酬、商品维修费、运输费、装卸费、包装费、保险费、广告费、业务宣传费、展览费等费用，借记“销售费用”科目，贷记“库存现金”“银行存款”等科目。

小企业（批发业、零售业）在购买商品过程中发生的运输费、装卸费、包装费、保险费、运输途中的合理损耗和入库前的挑选整理费等，借记“销售费用”科目，贷记“库存现金”“银行存款”“应付账款”等科目。

▶ 账务处理

发生销售费用的账务处理如图 33－1 所示。

借：销售费用

贷：“库存现金”等科目

图 33－1　发生销售费用的账务处理

▶ 案例解析

【例 33－1】某小企业 2013 年 4 月在销售商品过程中发生的费用如下：支付销售人员工资 48 000 元，支付运输费、包装费和装卸费共 23 000 元，支付广告费 24 000 元(用银行存款支付)。该小企业的会计处理如下。

借：销售费用　　　　95 000

　　贷：应付职工薪酬　　　　48 000

　　　　银行存款　　　　47 000

组织和管理生产经营发生的费用

▶ 业务概述

“管理费用”科目核算小企业为组织和管理生产经营发生的其他费用。包括：小企业在筹建期间内发生的开办费、行政管理部门发生的费用(包括：固定资产折旧费、修理费、办公费、水电费、差旅费、管理人员的职工薪酬等)、业务招待费、研究费用、技术转让费、相关长期待摊费用摊销、财产保险费、聘请中介机构费、咨询费(含顾问费)、诉讼费等费用。

小企业(批发业、零售业)管理费用不多的，可不设置“管理费用”，可并入“销售费用”科目核算。

小企业在筹建期间内发生的开办费(包括：相关人员的职工薪酬、办公费、培训费、差旅费、印刷费、注册登记费以及不计入固定资产成本的借款费用等费用)，在实际发生时，借记“管理费用”科目，贷记“银行存款”等科目。

行政管理部门人员的职工薪酬，借记“管理费用”科目，贷记“应付职工薪酬”科目。

行政管理部门计提的固定资产折旧费和发生的修理费，借记“管理费用”科目，贷记“累计折旧”“银行存款”等科目。

行政管理部门发生的办公费、水电费、差旅费，借记“管理费用”科目，贷记“银行存款”等科目。

小企业发生的业务招待费、相关长期待摊费用摊销、技术转让费、财产保险费、聘请中介机构费、咨询费(含顾问费)、诉讼费等，借记“管理费用”科目，贷记“银行存款”“长期待摊费用”科目等科目。

小企业自行研究无形资产发生的研究费用，借记“管理费用”科目，贷记“研发支出”科目。

▶ 账务处理

管理费用的账务处理如表 33－1 所示。

表 33－1　管理费用的账务处理

管理费用	账务处理
筹建期间内发生的开办费	借：管理费用 　贷：“银行存款”等科目
行政管理部门人员的职工薪酬	借：管理费用 　贷：应付职工薪酬
行政管理部门计提的固定资产折旧费和发生的修理费	借：管理费用 　贷：“累计折旧”等科目
行政管理部门发生的办公费、水电费、差旅费	借：管理费用 　贷：“银行存款”等科目
小企业发生的业务招待费、相关长期待摊费用摊销、技术转让费、财产保险费、聘请中介机构费、咨询费(含顾问费)、诉讼费等	借：管理费用 　贷：“长期待摊费用”等科目
小企业自行研究无形资产发生的研究费用	借：管理费用 　贷：研发支出

▶ 案例解析

【例 33-2】某小企业 2013 年 4 月行政管理部门共发生如下费用：支付行政人员工资 124 000 元，行政部办公设备折旧费 32 000 元，发生办公、水电费 6 000 元(用银行存款支付)。该小企业会计处理如下。

借：管理费用　　162 000

　　贷：应付职工薪酬　　124 000

　　　　累计折旧　　32 000

　　　　银行存款　　6 000

发生的筹资费用

▶ 业务概述

“财务费用”科目核算小企业为筹集生产经营所需资金发生的筹资费用。包括：利息费用(减利息收入)、汇兑损失、银行相关手续费、小企业给予的现金折扣(减享受的现金折扣)等费用。

小企业为购建固定资产、无形资产和经过 1 年期以上的制造才能达到预定可销售状态的存货发生的借款费用，在“在建工程”“研发支出”“制造费用”等科目核算，不在“财务费用”科目核算。小企业发生的汇兑收益，在“营业外收入”科目核算，不在“财务费用”科目核算。

小企业发生的利息费用、汇兑损失、银行相关手续费、给予的现金折扣等，借记“财务费用”科目，贷记“应付利息”“银行存款”等科目。

持未到期的商业汇票向银行贴现，应当按照实际收到的金额(即减去贴现息后的净额)，借记“银行存款”科目，按照贴现息，借记“财务费用”科目，按照商业汇票的票面金额，贷记“应收票据”科目(银行无追索权情况下)或“短期借款”科目(银行有追索权情况下)。

发生的应冲减财务费用的利息收入、享受的现金折扣等，借记“银行存款”等科目，贷记“财务费用”科目。

▶ 账务处理

财务费用的账务处理如表 33－2 所示。

表 33－2 财务费用的账务处理

账务费用	账务处理
小企业发生的利息费用、汇兑损失、银行相关手续费、给予的现金折扣等	借：财务费用 　　贷：“应付利息”等科目
持未到期的商业汇票向银行贴现	借：银行存款(按照实际收到的金额) 　　财务费用(按照贴现息) 　　贷：“应收票据”(银行无追索权) 　　　　或“短期借款”(银行有追索权)
发生的应冲减财务费用的利息收入、享受的现金折扣等	借：“银行存款”等科目 　　贷：财务费用

▶ 案例解析

【例 33－3】某小企业 2013 年 1 月从银行借入短期借款 180 000 元，期限 6 个月，年利率 5%。利息分月计提，本金到期后一次性偿还。每月末预提当月应计利息。该小企业的会计处理如下。

每月计提利息＝180 000×5%÷12＝750(元)。

借：财务费用　　750

　　贷：应付利息　　750

发生的各项营业外支出

业务概述

“营业外支出”科目核算小企业发生的各项营业外支出。包括：存货的盘亏、毁损、报废损失，处置非流动资产净损失，坏账损失，无法收回的长期债券投资损失，无法收回的长期股权投资损失，自然灾害等不可抗力因素造成的损失，税收滞纳金，罚金，罚款，被没收财物的损失，捐赠支出，赞助支出等。

小企业确认存货的盘亏、毁损、报废损失，处置非流动资产净损失，自然灾害等不可抗力因素造成的损失，借记“营业外支出”“生产性生物资产累计折旧”“累计摊销”等科目，贷记“待处理财产损溢——待处理流动资产损溢、待处理非流动资产损溢”“固定资产清理”“生产性生物资产”“无形资产”等科目。

根据《小企业会计准则》规定确认实际发生的坏账损失、长期债券投资损失，应当按照可收回的金额，借记“银行存款”等科目，按照应收账款、预付账款、其他应收款、长期债券投资的账面余额，贷记“应收账款”“预付账款”“其他应收款”“长期债券投资”等科目，按照其差额，借记“营业外支出”科目。

根据《小企业会计准则》规定确认实际发生的长期股权投资损失，按照可收回的金额，借记“银行存款”等科目，按照长期股权投资的账面余额，贷记“长期股权投资”科目，按照其差额，借记“营业外支出”科目。

支付的税收滞纳金、罚金、罚款，借记“营业外支出”科目，贷记“银行存款”等科目。

确认被没收财物的损失、捐赠支出、赞助支出，借记“营业外支出”科目，贷记“银行存款”等科目。

▶ 账务处理

营业外支出的账务处理如表33－3所示。

表33－3 营业外支出的账务处理

营业外支出	账务处理
确认存货的盘亏、毁损、报废损失，非流动资产处置净损失，自然灾害等不可抗力因素造成的损失	借："营业外支出"等科目 贷："待处理财产损溢——待处理流动资产损溢"等科目
确认实际发生的坏账损失、长期债券投资损失	借："银行存款"等科目 营业外支出 贷："应收账款"等科目
确认实际发生的长期股权投资损失	借："银行存款"等科目 营业外支出 贷：长期股权投资
支付的税收滞纳金、罚金、罚款	借：营业外支出 贷：银行存款
确认被没收财物的损失、捐赠支出、赞助支出	借：营业外支出 贷："银行存款"等科目

▶ 案例解析

【例33－4】某小企业2013年4月共发生营业外支出费用：盘点时发现原材料盘亏了8 000元，支付罚款5 000元，捐赠20 000元。该小企业的会计处理如下。

借：营业外支出 33 000

贷：待处理财产损溢——待处理流动资产损溢 8 000

银行存款 25 000

日常经营应负担的税费

业务概述

"营业税金及附加"科目核算小企业开展日常生产经营活动应负担的消费税、营业税、城市维护建设税、资源税、土地增值税、城镇土地使用税、房产税、车船税、印花税、教育费附加、矿产资源补偿费、排污费等相关税费。

与最终确认营业外收入或营业外支出相关的税费，在"固定资产清理""无形资产"等科目核算，不在"营业税金及附加"科目核算。

小企业按照规定计算确定的与其日常生产经营活动相关的税费，借记"营业税金及附加"科目，贷记"应交税费"等科目。

账务处理

发生营业税金及附加的账务处理如图 33－2 所示。

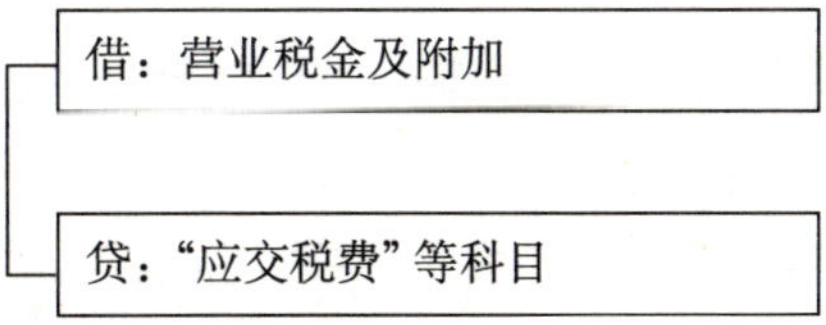

图 33－2　发生营业税金及附加的账务处理

案例解析

略。参考第三篇第二十三章。

年度终了，确认所得税费用

▶ 业务概述

“所得税费用”科目核算小企业根据企业所得税法确定的应从当期利润总额中扣除的所得税费用。

小企业根据企业所得税法规定补交的所得税，也通过“所得税费用”科目核算。

小企业按照规定实行企业所得税先征后返的，实际收到返还的企业所得税，在“营业外收入”科目核算，不在“所得税费用”科目核算

年度终了，小企业按照《中华人民共和国企业所得税法》规定计算确定的当期应纳税税额，借记“所得税费用”科目，贷记“应交税费——应交企业所得税”科目。

▶ 账务处理

确认企业所得税费用的账务处理如图 33－3 所示。

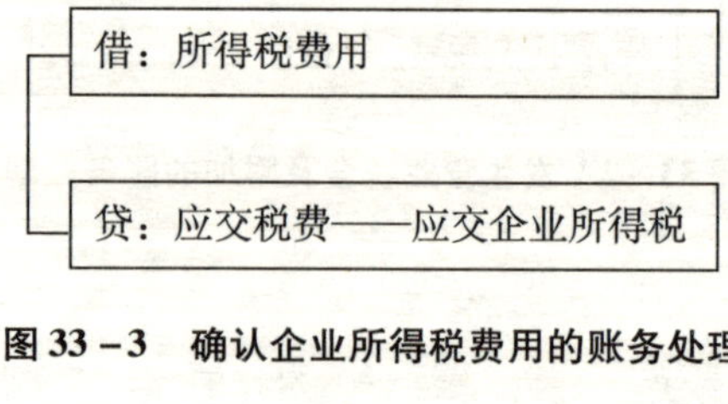

图 33－3　确认企业所得税费用的账务处理

▶ 案例解析

【例 33－5】某小企业 2012 年 12 月 31 日按照《中华人民共和国企业所得税法》规定计算当期应纳税税额为 735 000 元。该小企业的会计处理如下。

借：所得税费用　735 000

　贷：应交税费——应交企业所得税　735 000

第六篇

财务成果的计算

第三十四章　利润的概念及其计算

一、利润概念及其构成

利润，是指小企业在一定会计期间的经营成果，包括营业利润、利润总额和净利润。

营业利润，是指主营业务收入加上其他业务收入减去主营业务成本、主营业务税金及附加、其他业务支出、销售费用、财务费用、管理费用，加上投资收益(减去投资损失)后的金额。

利润总额，是指营业利润加上营业外收入，减去营业外支出后的金额。

小企业的营业外收入包括：处置非流动资产净收益、政府补助、捐赠收益、盘盈收益等。小企业的营业外支出包括：处置非流动资产净损失、非常损失等。

净利润，是指利润总额减去所得税费用后的金额。

二、利润的计算

主营业务利润 = 主营业务收入 − 主营业务成本 − 主营业务税金及附加

营业利润 = 主营业务利润 + 其他业务利润 − 销售费用 − 管理费用 − 财务费用

利润总额 = 营业利润 + 投资收益 + 营业外收入 − 营业外支出

净利润(或亏损) = 利润总额 − 所得税

第三十五章 利润的分配程序

利润分配程序是指公司制企业根据适用法律、法规或规定，对企业一定期间实现的净利润进行分配的程序。

根据《中华人民共和国公司法》(以下简称《公司法》)等有关规定，企业当年实现的利润总额应按国家有关税法的规定作相应的调整，然后依法交纳所得税。交纳所得税后的净利润按下列顺序进行分配。

一、弥补以前年度的亏损

按我国财务和税务制度的规定，企业的年度亏损，可以由下一年度的税前利润弥补，下一年度税前利润尚不足于弥补的，可以由以后年度的利润继续弥补，但用税前利润弥补以前年度亏损的连续期限不超过5年。5年内不足弥补的，用本年税后利润弥补。本年净利润加上年初未分配利润和其他转入(一般为盈余公积补亏转入的部分)为企业可供分配的利润，只有可供分配的利润大于零时，企业才能进行后续分配。

二、提取法定盈余公积

根据《公司法》的规定，法定盈余公积的提取比例为当年税后利润(弥补亏损后)的10%。

当法定盈余公积已达到注册资本的50%时可不再提取。法定盈余公积可用于弥补亏损、扩大公司生产经营或转增资本，但公司用盈余公积转增资本后，法定盈余公积金的余额不得低于转增前公司注册资本的25%。

三、提取任意盈余公积

根据《公司法》的规定，公司从税后利润中提取法定公积后，经股东会或者股东大会决议，还可以从税后利润中提取任意公积金。

四、向投资者分配利润

根据《公司法》的规定，公司弥补亏损和提取法定盈余公积后所剩余的税后利润，可以向股东(投资者)分配股利(利润)，其中有限责任公司股东按照实缴的出资比例分取红利，全体股东约定不按照出资比例分取红利的除外；股份有限公司按照股东持有的股份比例分配，但《股份有限公司章程》规定不按持股比例分配的除外。

根据《公司法》的规定，股东会、股东大会或者董事会违反相关规定，在公司弥补亏损和提取法定公积金之前向股东分配利润的，股东必须将违反规定分配的利润退还公司。

第三十六章 利润的相关经济业务

期末结转利润

▶ 业务概述

“本年利润”科目核算小企业当期实现的净利润(或发生的净亏损)。

期(月)末结转利润时，小企业可以将“主营业务收入”“其他业务收入”“营业外收入”科目的余额，转入“本年利润”，借记“主营业务收入”“其他业务收入”“营业外收入”科目，贷记“本年利润”科目；将“主营业务成本”“其他业务成本”“营业税金及附加”“销售费用”“管理费用”“财务费用”“营业外支出”“所得税费用”科目的余额，转入“本年利润”，借记“本年利润”科目，贷记“主营业务成本”“其他业务成本”“营业税金及附加”“销售费用”“管理费用”“财务费用”“营业外支出”“所得税费用”科目。将“投资收益”科目的贷方余额，转入“本年利润”，借记“投资收益”科目，贷记“本年利润”科目；如为借方余额，作相反的会计分录。

结转后“本年利润”科目的贷方余额为当期实现的净利润；借方余额为当期发生的净亏损。

▶ 账务处理

(1)收入转入利润的账务处理如图 36－1 所示。

借：主营业务收入
　　其他业务收入
　　营业外收入

贷：本年利润

图 36－1　收入转入利润的账务处理

(2)成本转入利润的账务处理如图 36－2 所示。

借：本年利润

贷：主营业务成本
　　其他业务成本
　　营业税金及附加
　　销售费用
　　管理费用
　　财务费用
　　营业外支出
　　所得税费用

图 36－2　成本转入利润的账务处理

(3)投资收益转入利润的账务处理如图 36－3 所示。

借：投资收益（或贷记）

贷：本年利润（或借记）

如“投资收益”存在借方余额，则作相反的会计分录

图 36－3　投资收益转入利润的账务处理

▶ 案例解析

【例 36－1】某小企业 2012 年 12 月 31 结转利润时，其各收入、成本情况如下：实现主营业务收入 8 000 000 元，主营业务成本为 5 000 000 元；实现其他业务收入 3 500 000 元，其他业务成本为 2 400 000 元；实现营业外收入 700 000 元，营业外成本为 650 000 元，投资收益贷方余额为 26 000 元。期间发生财务费用 65 000 元，管理费用 72 000 元，销售费用 84 000 元，支付各项营业税金 47 000 元，缴纳企业所得税 977 000 元。该小企业会计处理如下。

(1)收入转入利润：		
借：主营业务收入	8 000 000	
其他业务收入	3 500 000	
营业外收入	700 000	
投资收益	26 000	
贷：本年利润		12 226 000
(2)成本转入利润：		
借：本年利润	9 295 000	
贷：主营业务成本		5 000 000
其他业务成本		2 400 000
营业外支出		650 000
财务费用		65 000
管理费用		72 000
销售费用		84 000
营业税金及附加		47 000
所得税费用		977 000

结算本年净利润

▶ 业务概述

年度终了，应当将本年收入和支出相抵后结出的本年实现的净利润，转入“利润分配”科目，借记“本年利润”科目，贷记“利润分配——未分配利润”科目；如为净亏损，作相反的会计分录。

▶ 账务处理

结转本年净利润的账务处理如图 36 - 4 所示。

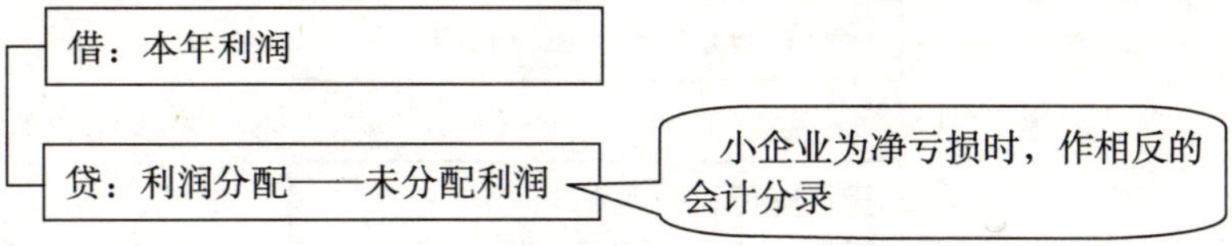

图 36－4　结转本年净利润的账务处理

▶ 案例解析

【例 36－2】 承接**【例 36－1】**，该小企业结算当年净利润。该小企业的会计处理如下。

小企业当年净利润＝12 226 000－9 295 000＝2 931 000（元）。

借：本年利润	2 931 000	
贷：利润分配——未分配利润		2 931 000

分配利润给投资者

▶ 业务概述

“利润分配”科目核算小企业利润的分配（或亏损的弥补）和历年分配（或弥补）后的余额。应按照“应付利润”“未分配利润”等进行明细核算。

小企业根据有关规定分配给投资者的利润，借记“利润分配”（应付利润）科目，贷记“应付利润”科目。

▶ 账务处理

分配利润给投资者的账务处理如图 36－5 所示。

借：利润分配——应付利润

贷：应付利润

图 36－5　分配利润给投资者的账务处理

▶ 案例解析

【例 36－3】 承接**【例 36－2】**，该小企业按照规定应将 20% 的净利润分配给投资者。该小企业的会计处理如下。

应分配给投资者的利润额＝2 931 000×20%＝586 200(元)。

借：利润分配——应付利润　586 200

　　贷：应付利润　586 200